2024年度版

医療秘書技能検定
実問題集

2級 ②
第67回～71回

「医療事務」

本書で学ばれる皆さんへ

　現代における医療は、複雑・高度化による機能分化が進み、チーム医療の的確かつ円滑な推進が以前にも増してより強く望まれるようになってきました。
　こうした状況の中でクローズアップされてきているのが、近代医療を積極的にサポートするコ・メディカル・スタッフとしての医療秘書の存在です。

　医療秘書は、医療機関の中で、診療・看護・医療技術・介護の行使に関する業務を、知識と技能で遂行する職業で、医療チームにおいて専門的な援助と各部門間の連絡調整に当たる役割を持ちます。今後、近代医療の一層の高度化にともなって、さらにその存在は重要視されるでしょう。

　しかしながら、そのニーズの増大とともに学校数、学生数は年を追って増加しているものの、教育内容が十分整理されていないのが現状であり、教育者また医療機関から医療秘書教育の基準となる資格認定の制度化が強く求められてきました。「医療秘書技能検定試験」は、このような社会要請に応えるべく、医療秘書教育の充実と医療秘書の社会的地位向上を目的に発足した医療秘書教育全国協議会が実施する検定試験です。
　この検定は、医療秘書としての専門知識と技能を判定するものであり、それが医療秘書をめざす学生にとって学習の励みとなり、また採用する側でも習得レベルの判断材料になるものと信じます。
　本書により意欲的に学習し、いち早く合格され、スペシャリストとして社会医療の第一線で活躍されるよう願っております。

一般社団法人
医療秘書教育全国協議会 前会長

日野原重明

2024年度版
医療秘書技能検定　実問題集2級②

目次

■本書の使い方

①本書は、問題編と解答・解説編から構成されています。
　※解答・解説編は、本編から抜き取れるようになっています。必要に応じて抜き取って
　　ご利用ください。
②本試験問題の答案は、本試験と同様に、各回問題巻末の解答用紙に記入してください。
③検定実施団体の医療秘書教育全国協議会では、本試験の配点を公表していません。本書
　の問題についても採点は利用者ご自身にお任せしています。
④医療事務関係の算定点数は常に改正される可能性のあるものです。本書ご利用の際に既
　に改正されていることがあり得ることを、あらかじめご了承ください。

医療秘書技能検定
実問題集2級②

本試験問題

<お断り>

　本試験出題後に政令・省令の一部及び診療報酬点数表が改正されたので、この問題集に掲げた本試験の問題の内容の一部を政令・省令・点数表及び薬価は改正後（2024年6月1日現在）のものに合うように改めております。解答についても同様に改めてあります。

答案は解答用紙に記入してください。

第 67 回（ 2021 年 11 月 7 日実施 ）

医療秘書技能検定試験 2級

問題② 「医療事務」

試験時間　60 分

設問1. 次の指示に従って、答案用紙に記入しなさい。

(1) 　1　〜　20　については、下記の解答欄の中の正しい解答の番号のマーク欄を塗りつぶしなさい。

1　① 380 ② 305 ③ 325 ④ 335 ⑤その他	11　① 555 ② 554 ③ 605 ④ 616 ⑤その他
2　① 310 ② 355 ③ 30 ④ 305 ⑤その他	12　① 46 ② 36 ③ 42 ④ 70 ⑤その他
3　① 303 ② 2,980 ③ 295 ④ 151 ⑤その他	13　① 32 ② 16 ③ 20 ④ 2 ⑤その他
4　① 1 ② 2 ③ 4 ④ 3 ⑤その他	14　① 103 ② 99 ③ 123 ④ 119 ⑤その他
5　① 215 ② 22 ③ 21 ④ 214 ⑤その他	15　① 140 ② 131 ③ 189 ④ 136 ⑤その他
6　① 1 ② 3 ③ 2 ④ 4 ⑤その他	16　① 37 ② 45 ③ 60 ④ 65 ⑤その他
7　① 41,710 ② 62,565 ③ 66,590 ④ 74,480 ⑤その他	17　① 413 ② 447 ③ 269 ④ 513 ⑤その他
8　① 2,500 ② 4,000 ③ 3,000 ④ 2,000 ⑤その他	18　① 224 ② 230 ③ 287 ④ 275 ⑤その他
9　① 6,750 ② 8,300 ③ 9,050 ④ 6,000 ⑤その他	19　① 1,720 ② 1,330 ③ 1,120 ④ 1,450 ⑤その他
10　① 104 ② 103 ③ 10 ④ 11 ⑤その他	20　① 175 ② 70 ③ 120 ④ 235 ⑤その他

(2) A〜J欄については、「診療報酬請求書等の記載要領等について」に従い、記入しなさい。

(3) 検査はすべて院内において実施したものです。

(4) 検体検査判断料については、解答用紙のI欄の該当するものを〇で囲みなさい。

(5) ＊標榜診療科目は、内科、外科、小児科、脳神経外科、循環器科、乳腺外科、泌尿器科、整形外科、リハビリテーション科、皮膚科、耳鼻咽喉科、放射線科、麻酔科です。

　　＊出題のカルテは許可病床数290床の東京都町田市の一般病院（救急指定病院）の例です。

　　＊薬剤師、管理栄養士、放射線科医、病理専門医、麻酔医は常勤です。

　　＊出題の保険医療機関は、月曜日から土曜日まで毎日午前9時から午後5時まで診療、日曜日・祝日は休診です。

　　＊薬剤価格等については、カルテに表示してある価格で算定しなさい。

(6) 届出事項及び厚生労働大臣が定める施設基準を満たす項目は次のとおりです。

急性期一般入院料4【入院診療計画実施・院内感染防止対策実施・褥瘡対策実施・医療安全管理体制実施・栄養管理体制実施・意思決定支援及び身体的拘束最小化実施】2級地、診療録管理体制加算3、急性期看護補助体制加算3、医師事務作業補助体制加算2（40対1）、医療安全対策加算1、感染対策向上加算2、救急医療管理加算、データ提出加算1イ、地域医療体制確保加算、画像診断管理加算1及び2、CT撮影（64列以上のマルチスライス）及びMRI撮影（1.5テスラ以上3テスラ未満）、麻酔管理料I、病理診断管理加算1、薬剤管理指導料、検体検査管理加算（Ⅱ）、入院時食事療養（Ⅰ）、食堂加算

(7) 手術前医学管理料および手術後医学管理料は算定しないものとする。

(8) このカルテは、検定試験用として作成されたものです。

【注意事項】

「診療報酬請求書等の記載要領」とは、厚生労働省通知（「診療報酬請求書等の記載要領等について」）に示されている記載要領のことです。よって、現在、医療機関等で慣用化されている略号等を用いて記載されたものについては、正解とみなされませんので、充分ご注意ください。

診　療　録

202保険者番号	3 4 1 3 0 0 1 9		氏名	渋沢　亮　⑲・女		公費負担者番号①	
被保険者証 被保険者手帳	記号・番号	13K0054・327(枝番)00				受給者番号①	
	有効限限	令和　年　月　日	受診者	明・大・㊵・平 39 年 5 月 18 日生		公費負担者番号②	
資格取得		令和　年　月　日		住所	省略	受給者番号②	
被保険者氏名		渋沢　亮				保険者 所在地	省略
事業所 (船舶所有者)	所在地	省略		職業	本人	名称	省略
	名称						

傷　病　名	職務	開　始	終　了	転　帰	期間満了予定日
(1) 頸椎症性神経根症(主)	上外	3年9月2日	年　月　日	治ゆ・死亡・中止	年　月　日
(2) 2型糖尿病	上外	3年3月19日	年　月　日	治ゆ・死亡・中止	年　月　日
(3)	上外	年　月　日	年　月　日	治ゆ・死亡・中止	年　月　日
	上外	年　月　日	年　月　日	治ゆ・死亡・中止	年　月　日
	上外	年　月　日	年　月　日	治ゆ・死亡・中止	年　月　日

既往症・原因・主要症状・経過	処　方・手　術・処　置　等
令和 3 年 10 月 28 日(木) 10:00 入院 糖尿病治療通院中。9月、右上肢しびれと脱力で当院外科を受診。保存的治療を行ったが症状が改善せず、本日手術目的で入院。 入院診療計画書作成、本人に対し、入院期間、手術等の説明と同意書をもらう。 放射線科医によるMRIの読影結果文書(別紙) 　第5・6頸椎間と第6・7頸椎間の神経根への圧迫を認める。 常勤麻酔医による診察 糖尿病検査値、HbA1c 9.0 空腹時血糖 250m/dl 薬剤師から糖尿病用剤について薬剤管理指導を行う(安全管理が必要な医薬品) 昼より糖尿病食、夜より指示があるまで禁食 夜より指示があるまでグリメピリド錠投薬中止 10/29(金) 弾性ストッキング着用 常勤麻酔医による全身管理(麻酔困難患者) 10:00 手術開始 経皮的動脈血酸素飽和度測定 呼吸心拍監視(10:00〜19:00) 帰室後酸素吸入(11:45〜19:00) 　液化酸素 CE 2L/分 10/30(土) 常勤麻酔医による術後診察　経過良好 10/31(日) 本日夜より糖尿病食 本日夜より投薬再開 明日からリハビリ開始 (以下省略)	10/28 検血—末梢血液一般、HbA1c、CRP TP、AST、ALT、LD、T-Bil、ALP、Amy、γ-GT、CK、 BUN、グルコース、T-cho、ナトリウム・クロール、K 血液ガス分析 頸椎単純 X-P(デジタル) 2方向　電子画像管理 頸椎 MRI(1.5テスラ以上3テスラ未満) 電子画像管理 Rp) レンドルミン錠 0.25 mg　1T　1P(⑥1T= 12.5円) 　グリメピリド錠 3T(1T=9.80円)　分 3×3TD 10/29 プレメデ 硫アト 0.05%1mL　1A(1A=95円) 　　　アタラックス-P注 2.5%1mL　1A(1A=57円) 硬膜外麻酔(頸部)併施(10:00〜11:45) 　カルボカイン注 0.5%10mL　(1mL=10.8円) 閉鎖循環式全身麻酔(10:00〜11:45) 　笑気ガス 450g(1g= 3.2円) 　セボフレン吸入麻酔液　50mL(1mL=27.2円) 　ラボナール注射用 0.5g500mg　1A(1A= 919円) 　ワゴスチグミン注 0.5mg005%1mL　1A(1A=96円) 　フルマリン静注用 1g　1V(1V=1,286円) 　生理食塩液　250mL　1袋(1袋= 180円) 　液化酸素(CE)　420L(1L=0.19円) 脊椎固定術(前方椎体固定)(2椎間) 画像等手術支援加算(ナビゲーション) 点滴 ラクテックG輸液 500mL　2袋(1袋=228円) 　フルマリン静注用 1g　2V 10/30 創傷処置 90㎠ イソジン液 10%　10mL(1mL= 2.42円) 頸椎単純 X-P(デジタル) 2方向　電子画像管理 点滴　do 10/31 創傷処置　do 点滴 do 検血—CRP

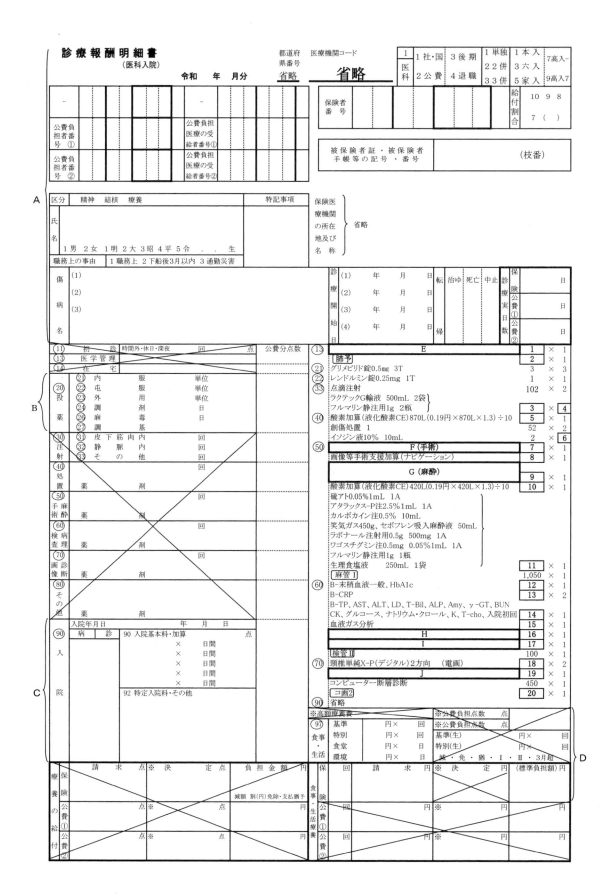

診療報酬明細書（医科入院）　令和　年　月分

都道府県番号　省略　　医療機関コード　省略

| 1 医科 | 1 社・国 2 公費 | 3 後期 4 退職 | 1 単独 2 2併 3 3併 | 1 本入 3 六入 5 家入 | 7 高入一 9 高入7 |

保険者番号　　　　給付割合 10 9 8 7（ ）

被保険者証・被保険者手帳等の記号・番号　　　（枝番）

A

区分　精神　結核　療養　　　特記事項　　　保険医療機関の所在地及び名称　省略

氏名　1 男 2 女　1 明 2 大 3 昭 4 平 5 令　.　.　生

職務上の事由　1 職務上　2 下船後3月以内　3 通勤災害

傷病名
(1)
(2)
(3)

診療開始日
(1) 年 月 日
(2) 年 月 日
(3) 年 月 日
(4) 年 月 日

転帰　治ゆ　死亡　中止

診療実日数　保険　公費① 日　公費②

B

| (11) 初診 | 時間外・休日・深夜 | 回 | 点 | 公費分点数 |

(13) 医学管理
(14) 在宅

(20) 投薬
(21) 内服　単位
(22) 屯服　単位
(23) 外用　単位
(24) 調剤　日
(26) 麻毒　日
(27) 調基

(30) 注射
(31) 皮下筋肉内　回
(32) 静脈内　回
(33) その他　回

(40) 処置　薬剤　回
(50) 手術麻酔　薬剤　回
(60) 検査病理　薬剤　回
(70) 画像診断　薬剤　回
(80) その他　薬剤

C

入院年月日　　年　月　日

(90) 入院
病・診　90 入院基本料・加算　点
× 日間
× 日間
× 日間
× 日間
× 日間
92 特定入院料・その他

右側明細：

項目	点数	×
(13) E	1	× 1
肺予	2	× 1
(21) グリメピリド錠0.5mg 3T	3	× 3
(22) レンドルミン錠0.25mg 1T	1	× 1
(33) 点滴注射	102	× 2
ラクテックG輸液 500mL 2袋 / フルマリン静注用1g 2瓶	3	× 4
(40) 酸素加算(液化酸素CE)870L(0.19円×870L×1.3)÷10	5	× 1
創傷処置 1	52	× 2
イソジン液10% 10mL	2	× 6
(50) F(手術)	7	× 1
画像等手術支援加算(ナビゲーション)	8	× 1
G(麻酔)	9	× 1
酸素加算(液化酸素CE)420L(0.19円×420L×1.3)÷10	10	× 1
硫アト0.05%1mL 1A		
アタラックス-P注2.5%1mL 1A		
カルボカイン注0.5% 10mL		
笑気ガス450g、セボフレン吸入麻酔液 50mL		
ラボナール注射用0.5g 500mg 1A		
ワゴスチグミン注0.5mg 0.05%1mL 1A		
フルマリン静注用1g 1瓶		
生理食塩液 250mL 1袋	11	× 1
麻管I	1,050	× 1
(60) B-末梢血液一般、HbA1c	12	× 1
B-CRP	13	× 2
B-TP、AST、ALT、LD、T-Bil、ALP、Amy、γ-GT、BUN		
CK、グルコース、ナトリウム・クロール、K、T-cho、入院初回	14	× 1
血液ガス分析	15	× 1
H	16	× 1
I	17	× 1
検管II	100	× 1
(70) 頸椎単純X-P(デジタル)2方向 (電画)	18	× 2
J	19	× 1
コンピューター断層診断	450	× 1
コ画2	20	× 1
(90) 省略		

D

※高額療養　　　　　　※公費負担点数　点
(97) 食事・生活
基準　円× 回　　※公費負担点数　点
特別　円× 回　　基準(生)　円× 回
食堂　円× 日　　特別(生)　円× 回
環境　円× 日　　減・免・猶・I・II・3月超

療養の給付
保険　請求 点　※決定 点　負担金額 円　減額 割(円)免除・支払猶予
公費①　点※　点　円
公費②　点※　点　円

食事・生活療養
保険　回　請求 円　※決定 円　（標準負担額）円
公費①　回　円※　円　円
公費②　回　円※　円　円

設問2. 次の文章を読み、正しいものは①の、誤っているものは②のマークシート欄を塗りつぶ
しなさい（①または②のみにマークする機械的な回答は、該当する全ての設問を0点と
する）。

21 救急医療管理加算1の対象となる患者は、入院時において当該重症患者の状態であれば
算定できるものであり、当該加算の算定期間中に、当該状態を継続していなくなっても
算定可能である。

22 退院後訪問指導料を算定した日においては、在宅患者訪問褥瘡管理指導料は算定できな
い。

23 調剤技術基本料の院内製剤加算は、散剤を調剤した場合においても要件を満たしていれ
ば算定できる。

24 退院前在宅療養指導管理料は、外泊後帰院することなく、他の医療機関に転院した場合
には算定できない。

25 人工腎臓の回路により注射を行った場合は当該注射にかかる費用は、手技料及び薬剤料
も算定できない。

26 輸血と補液を同時に行った場合は、輸血の量と補液の量は別々のものとして算定する。

27 マルチスライスCTの届け出を行っていない保険医療機関でマルチスライス撮影を行っ
た場合はCT撮影の所定点数は撮影できない。

28 外来で診療表示時間外の午後7時に爪甲除去術を右手指第1〜3を2歳の患者に施行し
た場合の手術料は時間外加算2と乳幼児加算を合計して5,544点となる。

29 精神科在宅患者支援管理料の対象となる精神科標榜医療機関への通院が困難な患者に
は、精神症状により単独での通院が困難な者は含まれない。

30 リハビリテーション料は使用薬剤料も含め、DPC包括算定対象となる。

第67回

② 級 医療秘書技能検定試験問題②答案用紙

学校名 (出身校)		在学( )年生 既卒

フリガナ		
受験者氏名	(姓)	(名)

級区分		答案種類		職　業	
1級	①	問題①	①	医療機関勤務	①
準1級	準①	問題②	●	学　　生	②
2級	●			会　社　員	③
3級	③			主　　婦	④
				そ　の　他	⑤

設問1（1）

設問	解答欄
1	① ② ③ ④ ⑤
2	① ② ③ ④ ⑤
3	① ② ③ ④ ⑤
4	① ② ③ ④ ⑤
5	① ② ③ ④ ⑤
6	① ② ③ ④ ⑤
7	① ② ③ ④ ⑤
8	① ② ③ ④ ⑤
9	① ② ③ ④ ⑤
10	① ② ③ ④ ⑤

設問	解答欄
11	① ② ③ ④ ⑤
12	① ② ③ ④ ⑤
13	① ② ③ ④ ⑤
14	① ② ③ ④ ⑤
15	① ② ③ ④ ⑤
16	① ② ③ ④ ⑤
17	① ② ③ ④ ⑤
18	① ② ③ ④ ⑤
19	① ② ③ ④ ⑤
20	① ② ③ ④ ⑤

※裏面 設問1（2）、（3）へ

設問2

設問	解答欄
21	① ②
22	① ②
23	① ②
24	① ②
25	① ②
26	① ②
27	① ②
28	① ②
29	① ②
30	① ②

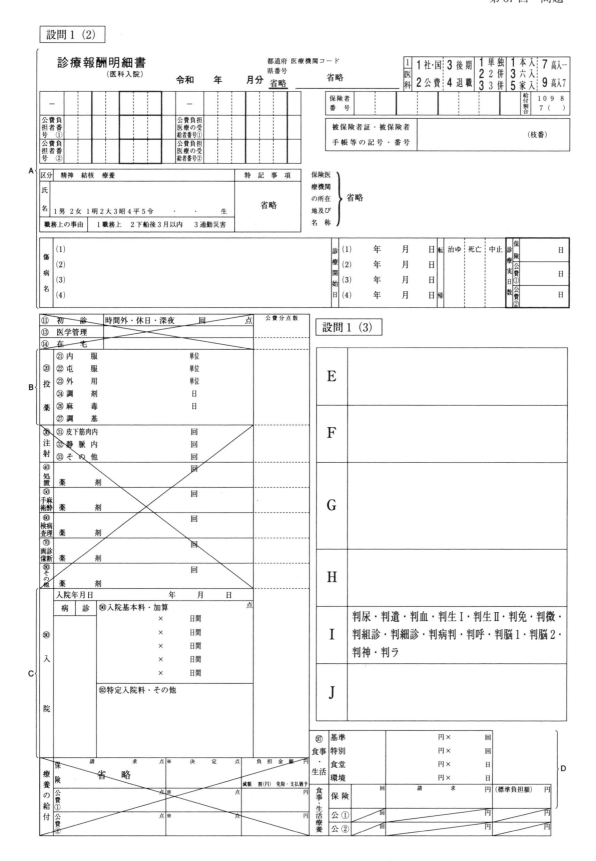

設問1（2）

診療報酬明細書（医科入院）

設問1（3）

| E |
| F |
| G |
| H |
| I |
| J |

I: 判尿・判遺・判血・判生Ⅰ・判生Ⅱ・判免・判微・判組診・判細診・判病判・判呼・判脳1・判脳2・判神・判ラ

13

MEMO

第 68 回（ 2022 年 6 月 5 日実施 ）

医療秘書技能検定試験 2級

問題② 「医療事務」

試験時間　60 分

解答は答案用紙に記入のこと

設問1. 次の指示に従って、答案用紙に記入しなさい。

(1) $\boxed{1}$ ～ $\boxed{20}$ については、下記の解答欄の中の正しい解答の番号のマーク欄を塗りつぶしなさい。

$\boxed{1}$	① 380	② 305	③ 325	④ 335	⑤ その他	$\boxed{11}$	① 3,000	② 10,500	③ 5,500	④ 7,500	⑤ その他
$\boxed{2}$	① 1	② 4	③ 3	④ 7	⑤ その他	$\boxed{12}$	① 12,190	② 13,960	③ 17,200	④ 12,760	⑤ その他
$\boxed{3}$	① 101	② 102	③ 95	④ 53	⑤ その他	$\boxed{13}$	① 560	② 507	③ 561	④ 443	⑤ その他
$\boxed{4}$	① 1	② 2	③ 4	④ 3	⑤ その他	$\boxed{14}$	① 412	② 137	③ 437	④ 133	⑤ その他
$\boxed{5}$	① 2	② 4	③ 3	④ 1	⑤ その他	$\boxed{15}$	① 2	② 1	③ 3	④ 4	⑤ その他
$\boxed{6}$	① 232	② 24	③ 22	④ 23	⑤ その他	$\boxed{16}$	① 5	② 1	③ 3	④ 2	⑤ その他
$\boxed{7}$	① 1,155	② 825	③ 1,188	④ 50	⑤ その他	$\boxed{17}$	① 150	② 144	③ 125	④ 34	⑤ その他
$\boxed{8}$	① 2	② 1	③ 3	④ 4	⑤ その他	$\boxed{18}$	① 210	② 230	③ 287	④ 153	⑤ その他
$\boxed{9}$	① 25	② 660	③ 924	④ 50	⑤ その他	$\boxed{19}$	① 1,000	② 1,120	③ 1,570	④ 1,020	⑤ その他
$\boxed{10}$	① 39,830	② 42,830	③ 42,330	④ 40,830	⑤ その他	$\boxed{20}$	① 65	② 120	③ 180	④ 230	⑤ その他

(2) A～J欄については、「診療報酬請求書等の記載要領等について」に従い、記入しなさい。

(3) 検査はすべて院内において実施したものです。

(4) 検体検査判断料については、解答用紙のI欄の該当するものを○で囲みなさい。

(5) ＊標榜診療科目は、内科、外科、小児科、脳神経外科、循環器科、乳腺外科、泌尿器科、整形外科、リハビリテーション科、皮膚科、耳鼻咽喉科、放射線科、麻酔科です。

　　＊出題のカルテは許可病床数277床の一般病院（救急指定病院）の例です。

　　＊薬剤師、管理栄養士、放射線科医、病理専門医、麻酔医は常勤です。

　　＊出題の保険医療機関は、月曜日から土曜日まで毎日午前9時から午後5時まで診療、日曜日・祝日は休診です。

　　＊薬剤価格等については、カルテに表示してある価格で算定しなさい。

(6) 届出事項及び厚生労働大臣が定める施設基準を満たす項目は次のとおりです。

急性期一般入院基本料5【入院診療計画実施・院内感染防止対策実施・褥瘡対策実施・医療安全管理体制実施・栄養管理体制実施・意思決定支援及び身体的拘束最小化実施】5級地、臨床研修病院入院診療加算（協力型）（臨床研修実施中）、診療録管理体制加算3、急性期看護補助体制加算3、医師事務作業補助体制加算2（75対1）、医療安全対策加算1、救急医療管理加算、データ提出加算2イ、画像診断管理加算1及び2、CT撮影（64列以上のマルチスライス）（その他）及びMRI撮影（1.5テスラ以上3テスラ未満）、麻酔管理料I、病理診断管理加算1、薬剤管理指導料、検体検査管理加算（Ⅱ）、入院時食事療養（I）、食堂加算

(7) 手術前医学管理料・手術後医学管理料は算定しないものとします。

(8) このカルテは、検定試験用として作成されたものですので、臨床的内容と一部異なる場合があります。

【注意事項】

「診療報酬請求書等の記載要領」とは、厚生労働省通知（「診療報酬請求書等の記載要領等について」）に示されている記載要領のことです。よって、現在、医療機関等で慣用化されている略号等を用いて記載されたものについては、正解とみなされませんので、充分ご注意ください。

診　療　録

保 険 者 番 号	0 6 1 3 3 3 7 5		氏名	平野　歩 男・女		公費負担者番号①					
被保険者証 被保険者手帳	記号・番号	180・13275	受診者			受給者番号①					
	有効期限	年　月　日		明・大・昭・平 63年5月25日生		公費負担者番号②					
資 格 取 得		年　月　日		住所	省略	受給者番号②					
被保険者氏名		平野　歩				保険者	所在地	省略			
事 業 所 (船舶所有者)	所在地	省略		職業	本人		名称	省略			
	名称										

傷　病　名	職務	開　始	終　了	転　帰	期間満了予定日
(1)原発性自然気胸(主)	上外	4年4月27日	年　月　日	治ゆ・死亡・中止	年　月　日
(2)C型慢性肝炎	上外	2年5月19日	年　月　日	治ゆ・死亡・中止	年　月　日
(3)呼吸不全	上外	4年4月27日	年　月　日	治ゆ・死亡・中止	年　月　日

既往症・原因・主要症状・経過	処方・手術・処置等
令和4年4月27日(水)　19:30 C型慢性肝炎治療通院中(当月外来にて検査実施)。27日勤務中17時頃息苦しさが出現。2年前に気胸と診断された時と同じような症状だったため、受診。CT撮影の結果入院。入院診療計画書作成、本人に対し、入院期間、手術等の説明と同意書をもらう。(気胸を繰り返しているため、手術選択とする) 緊急検体検査　19:45 緊急画像診断　20:00 SPO2　95%(呼吸苦＋) 常勤麻酔医による診察(C型肝炎感染患者) 胸腔ドレナージ挿入 指示があるまで禁食 令和4年4月28日(木) 薬剤師から薬剤管理指導を行う (手術時使用薬剤等について) 間歇的空気圧迫装置使用 常勤麻酔医による全身管理 14:00　手術開始 経皮的動脈血酸素飽和度測定 呼吸心拍監視(0:00～24:00) 帰室後酸素吸入(16:10～24:00) 　液化酸素CE　2L/分 令和4年4月29日(金) 常勤麻酔医による術後診察　経過良好 本日夜より肝臓食 経皮的動脈血酸素飽和度測定 呼吸心拍監視 令和4年4月30日(土) 経皮的動脈血酸素飽和度測定 呼吸心拍監視 ドレーン抜去 C型肝炎治療薬投与開始 (以下省略)	令和4年4月27日(水) 当月外来にて血液検査実施 (判血、判生Ⅰ、判免算定済み) 19:45　検体検査実施(一部検査省略) HCV核酸定量、ECG12 胸部X-P撮影2回　電子画像管理 胸部CT(64列以上マルチスライス型)　電子画像管理 経皮的動脈血酸素飽和度測定 酸素吸入　液化酸素(CE)　675L(1L=0.19円) 呼吸心拍監視　20:30～ 持続的胸腔ドレナージ開始　21:00 　キシロカイン注ポリアンプ1%10mL　1A(1A=79円) 　材料省略 令和4年4月28日(木) 　閉鎖循環式全身麻酔(14:00～16:10) 　(分離肺換気によるもの60分、側臥位20分、仰臥位50分) 　エフェドリン塩酸塩注射液4%1mL　1A(1A=94円) 　セボフルラン吸入液　40mL(1mL=27.2円) 　アナペイン注2mg/mL 0.2% 100mL　2袋(1袋=1,450円) 　セフォタックス注射用1g　1V(1V=799円) 　ヴィーンF輸液500mL　1袋(1袋=191円) 　液化酸素(CE)　650L 　胸腔鏡下肺切除術(肺嚢胞手術・楔状部分切除) 　超音波凝固切開装置、自動縫合器3個 　套管針カテーテル(シングルルーメン・標準型)1本 令和4年4月29日(金) 　酸素吸入　2L/分(0:00～24:00) 　創傷処置80cm² 　ドレーン法(持続的吸引) 　点滴　ヴィーンF輸液500mL　1袋 　　　　セフォタックス注射用1g　1V　(朝夕1回) 令和4年4月30日(土) 　酸素吸入　do 　創傷処置　do、ドレーン法(持続的吸引) 　点滴　do　(朝夕1回) 　Rp.ハーボニー配合錠　1錠(1T=55,491.7円)　　7TD

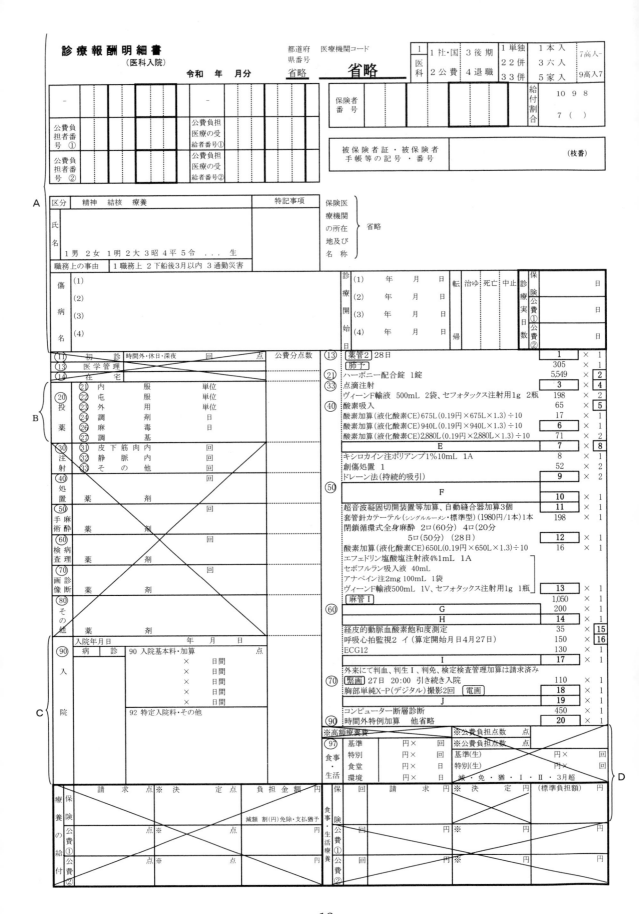

設問２．次の文章を読み、正しいものは①の、誤っているものは②のマークシート欄を塗りつぶ
　　　　しなさい（①または②のみにマークする機械的な回答は、該当する全ての設問を０点と
　　　　する）。

21 １傷病により入院した患者が退院後、一旦治癒しもしくは治癒に近い状態にまでになり、
その後再発して当該保険医療機関又は当該保険医療機関と特別の関係にある保険医療
機関に入院した場合には新たな入院日を起算日とする。

22 病棟移動時の入院料について医療保険適用病棟（病床）から介護保険適用病棟（病床）
へ移動した場合、移動先用病棟（病床）の入院料を算定する。

23 重湯などの流動食及び軟食のうち、三分がゆ、五分がゆ、七分がゆを食している場合は、
ビタミン剤が算定できる。

24 高血圧症の患者に対する塩分の総量が６ｇ未満の減塩食は、外来栄養食事指導料及び入
院栄養食事指導料の対象となる特別食である。

25 骨髄像検査を行った場合には、骨髄像診断加算として必ず検体検査判断料に骨髄診断加
算が算定できる。

26 体外衝撃波疼痛治療術は、治療に要した日数又は回数にかかわらず一連のものとして算
定するが、再発により２回目以降算定する場合は、少なくとも３か月以上あけなければ
算定できない。

27 麻酔管理料（Ⅱ）の２の施設基準として、常勤の麻酔科標榜医が５名以上配置されて
いなければならない。

28 関節捻挫に副木固定のみを行った場合、創傷処置の区分により算定し、使用した副木
の費用は別に算定できない。

29 日常生活能力低下を来たしている熱傷瘢痕による関節拘縮の患者は、運動器リハビ
リテーション料の対象となる。

30 無菌製剤処理料は、DPC 包括算定対象となる。

級

医療秘書技能検定試験問題②答案用紙

学 校 名 (出身校)		在学（　）年生 既卒

フリガナ		
受験者氏名	(姓)	(名)

級 区 分	
1級	①
準1級	㊟
2級	●
3級	③

答案種類	
問題①	①
問題②	●

職 　 業	
医療機関勤務	①
学　　　生	②
会　社　員	③
主　　　婦	④
そ　の　他	⑤

受 験 番 号
(最後に番号とマークをもう一度確認すること)

番号を記入しマークしてください。

①	①	①	①	①	①	①
②	②	②	②	②	②	②
③	③	③	③	③	③	③
④	④	④	④	④	④	④
⑤	⑤	⑤	⑤	⑤	⑤	⑤
⑥	⑥	⑥	⑥	⑥	⑥	⑥
⑦	⑦	⑦	⑦	⑦	⑦	⑦
⑧	⑧	⑧	⑧	⑧	⑧	⑧
⑨	⑨	⑨	⑨	⑨	⑨	⑨
⓪	⓪	⓪	⓪	⓪	⓪	⓪

設問1（1）

設 問	解 答 欄
1	① ② ③ ④ ⑤
2	① ② ③ ④ ⑤
3	① ② ③ ④ ⑤
4	① ② ③ ④ ⑤
5	① ② ③ ④ ⑤
6	① ② ③ ④ ⑤
7	① ② ③ ④ ⑤
8	① ② ③ ④ ⑤
9	① ② ③ ④ ⑤
10	① ② ③ ④ ⑤

設 問	解 答 欄
11	① ② ③ ④ ⑤
12	① ② ③ ④ ⑤
13	① ② ③ ④ ⑤
14	① ② ③ ④ ⑤
15	① ② ③ ④ ⑤
16	① ② ③ ④ ⑤
17	① ② ③ ④ ⑤
18	① ② ③ ④ ⑤
19	① ② ③ ④ ⑤
20	① ② ③ ④ ⑤

※裏面 設問1（2）、（3）へ

設問2

設 問	解 答 欄
21	① ②
22	① ②
23	① ②
24	① ②
25	① ②
26	① ②
27	① ②
28	① ②
29	① ②
30	① ②

設問1（2）

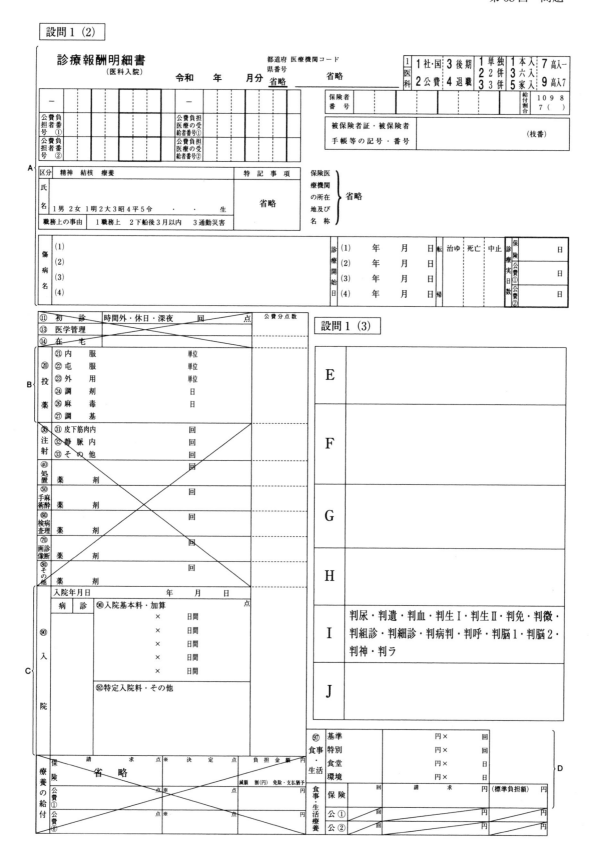

設問1（3）

E	
F	
G	
H	
I	判尿・判遺・判血・判生Ⅰ・判生Ⅱ・判免・判微・判組診・判細診・判病判・判呼・判脳1・判脳2・判神・判ラ
J	

MEMO

第 69 回（ 2022 年 11 月 6 日実施 ）

医療秘書技能検定試験
2級

問題② 「医療事務」

試験時間　60 分

設問1．次の指示に従って、答案用紙に記入しなさい。

(1)　　1　～　20　については、下記の解答欄の中の正しい解答の番号のマーク欄を塗りつぶしなさい。

1	① 130	② 250	③ 325	④ 380	⑤その他	11	① 6,600	② 7,920	③ 7,200	④ 6,000	⑤その他
2	① 5	② 6	③ 7	④ 8	⑤その他	12	① 580	② 626	③ 562	④ 770	⑤その他
3	① 53	② 102	③ 101	④ 157	⑤その他	13	① 4	② 5	③ 6	④ 7	⑤その他
4	① 1	② 2	③ 3	④ 4	⑤その他	14	① 30	② 39	③ 45	④ 55	⑤その他
5	① 15	② 16	③ 73	④ 72	⑤その他	15	① 93	② 99	③ 103	④ 123	⑤その他
6	① 1	② 2	③ 3	④ 4	⑤その他	16	① 93	② 99	③ 106	④ 126	⑤その他
7	① 9	② 10	③ 11	④ 12	⑤その他	17	① 860	② 1,720	③ 2,580	④ 720	⑤その他
8	① 25	② 52	③ 60	④ 70	⑤その他	18	① 833	② 413	③ 933	④ 808	⑤その他
9	① 1	② 2	③ 3	④ 4	⑤その他	19	① 230	② 220	③ 210	④ 57	⑤その他
10	① 2	② 3	③ 3,600	④ 1,050	⑤その他	20	① 70	② 110	③ 180	④ 230	⑤その他

(2)　　A～H及びJ欄については、「診療報酬請求書等の記載要領等について」に従い、記入しなさい。

(3)　　検査はすべて院内において実施したものです。

(4)　　検体検査判断料については、答案用紙のI欄の該当するものを〇で囲みなさい。

(5)　　＊標榜診療科目は、内科、脳神経内科、呼吸器内科、循環器内科、外科、脳神経外科、呼吸器外科、
　　　　耳鼻咽喉科、整形外科、麻酔科、放射線科、リハビリテーション科、産婦人科、泌尿器科です。
　　　　＊出題のカルテは、東京都町田市（2級地）にある許可病床数420床の救急病院です。
　　　　＊薬剤師、麻酔医、病理専門医、放射線科医、理学療法士、管理栄養士は常勤です。
　　　　＊出題の保険医療機関は、月曜日から金曜日まで毎日午前9時から午後5時まで診療。
　　　　　土曜・日曜と祝日は休診です。
　　　　＊薬剤価格等については、カルテに表示してある価格で算定しなさい。

(6)　　届出事項及び厚生労働大臣が定める施設基準を満たす項目は次のとおりです。
　　　　急性期一般入院料4　【入院診療計画実施、院内感染防止対策実施、褥瘡対策実施、医療安全管理体制実
　　　　施・栄養管理体制実施・意思決定支援及び身体的拘束最小化実施】臨床研修病院入院診療加算（協力型）（臨床研
　　　　修実施中）、診療録管理体制加算3、医師事務作業補助体制加算2（40対1）、救急医療管理加算1、医療安全対策
　　　　加算1、感染対策向上加算1、指導強化加算、患者サポート体制充実加算、がん拠点病院加算（地域がん診療病院）、
　　　　データ提出加算1・イ、薬剤管理指導料、麻酔管理料I、輸血管理料II、検体検査管理加算（III）、CT（64列以上マ
　　　　ルチスライス型）（その他）、MRI（3テスラ以上）（その他）、画像診断管理加算1及び2、入院時食事療養（I）、食堂加算

(7)　　手術前医学管理料及び手術後医学管理料は算定しないものとする。

(8)　　このカルテは検定試験用として作成されたものですので、臨床的内容と一部異なる場合があります。

【注意事項】
「診療報酬請求書等の記載要領」とは、厚生労働省通知（「診療報酬請求書等の記載要領等について」）に示さ
れている記載要領のことです。よって、現在、医療機関で慣用化されている略号等を用いて記載されたものに
ついては、正解とみなされませんので、充分ご注意ください。

診　療　録

保険者番号		0 6 1 3 0 3 7 1	受診者	氏名	太田 隼人 男・女	公費負担者番号①	
被保険者証 被保険者手帳	記号・番号	901 ・ 73 (枝番) 3				受給者番号①	
	有効期限	令和　年　月　日			明・大・昭・平 26年 6月 3日生	公費負担者番号②	
資格取得		令和　年　月　日		住所	省略	受給者番号②	
被保険者氏名		太田 和人				保険者 所在地	省略
事業所 (船舶所有者)	所在地	省略		職業	長男	保険者 名称	省略
	名称						

傷病名	職務	開始	終了	転帰	期間満了予定日
(1) 慢性扁桃炎(両側)(主)	上外	4年10月28日	年　月　日	治ゆ・死亡・中止	年　月　日
(2)	上外	年　月　日	年　月　日	治ゆ・死亡・中止	年　月　日
(3)	上外	年　月　日	年　月　日	治ゆ・死亡・中止	年　月　日
(4)	上外	年　月　日	年　月　日	治ゆ・死亡・中止	年　月　日

既往症・原因・主要症状・経過	処方・手術・処置等
令和4年 10/28 (金) 自宅近くの小児科からの紹介状持参 約1年前より月1回程度発熱、扁桃腺肥大(+) 手術目的で入院(10:00)、入院診療計画書、栄養管理計画を作成し、患者と家族に説明のうえ交付し、同時に手術同意書を受け取った 麻酔科医による術前診察・実施 X-Pについて放射線科医による読影文書あり 投薬・注射薬・麻酔薬について、薬剤師による薬剤管理指導実施 昼食・夕食は普通食	10/28 検血：末梢血液一般、ESR、出血時間 TP、AST、ALT、LD、ALP、γ-GT、BUN、UA、グルコース、クレアチニン、ナトリウム及びクロール、カリウム、CK CRP 胸部X－P(デジタル撮影) 撮影回数1回 電子画像管理 Rp) ① ベンザリン錠5mg　1錠 1回分 (向精神薬 1錠 8.4円)
10/29 (土) 本日、禁食 麻酔科医による全身麻酔実施 (麻酔困難な患者に該当しない)	10/29 点滴注射 ①ソリターT3号輸液500mL 1袋 (1袋 176円) 閉鎖循環式全身麻酔5　1時間45分 アトロピン硫酸塩注射液0.05% 1mL 1A (1A 95円)、ラボナール注射用0.5g 500mg 1管(1管 919円)、小池笑気960g (1g 3.2円)、セボフレン吸入麻酔液80mL (1mL 27.2円)、液化酸素(CE) 210L (1L 0.19円) 呼吸心拍監視(5時間) 経皮的動脈血酸素飽和度測定 口蓋扁桃手術(摘出)(両側) イソジン液 20mL (1mL 2.42円) 病理組織標本作製(組織切片) 1臓器 術後酸素吸入(液化酸素CE 2L/分) 4時間 点滴注射 ②ソリターT3号輸液500mL 1袋 パンスポリン静注用1g 1瓶 (1瓶 373円)
10/30 (日) 術後経過良好 麻酔医による術後診察 痛みがあるため、坐薬、トローチを処方 夕食より流動食(市販以外)	10/30 Rp) ② ボルタレンサポ50mg 1個 (1個 29.0円) ③ ビクシリンS配合錠 250mg 2錠 (1錠 21.6円) 分2 × 5TD ④ SPトローチ0.25mg「明治」(1錠 5.7円) 4錠 × 3TD 検血：末梢血液一般、末梢血液像(自動機械法)、ESR TP、AST、ALT、LD、ALP、γ-GT、BUN、CK CRP 術後創傷処置 100㎠未満 点滴注射 ② do
10/31 (月)	10/31 do 術後創傷処置 点滴注射 ③ パンスポリン静注用1g 1瓶 Aq (注射用水) 20mL 1管 (1管 62円)

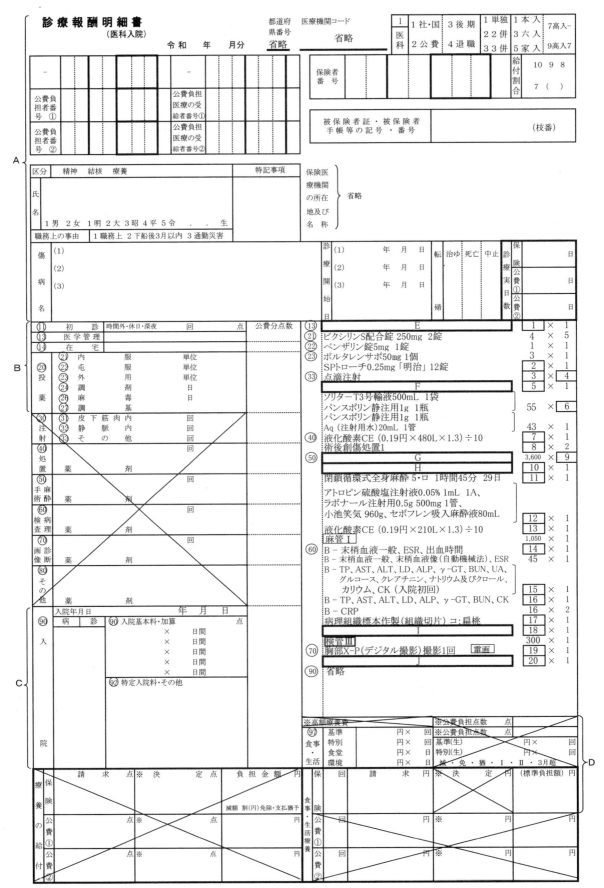

設問2. 次の文章を読み、正しいものは①の、誤っているものは②のマークシート欄を塗りつぶしなさい（①または②のみにマークする機械的な回答は、該当する全ての設問を0点とする）。

21 投薬に係る費用が包括されている入院基本料（療養病棟入院基本料等）又は特定入院料（特殊疾患病棟入院料等）を算定している患者に対して、退院時に退院後に在宅において使用するための薬剤（在宅医療に係る薬剤を除く）を投与した場合は、当該薬剤に係る費用（薬剤料に限る）は、算定できる。

22 医師事務作業補助体制加算の算定に当たって、医師事務作業補助者は、診療録管理者若しくは診療録管理部門の業務を行っても良い。

23 膀胱がん関連遺伝子検査と同時に穿刺吸引細胞診、体腔洗浄等によるものを実施した場合は主たるもののみ算定する。

24 内視鏡下脳腫瘍生検術の施設基準において、2年以上の脳神経外科の経験を有している常勤の医師が5名以上配置されていること。

25 四肢ギプス包帯において、プラスチックギプスを用いて行った場合は、当該ギプスの所定点数の100分の20に相当する点数を所定点数に加算できる。

26 睫毛抜去を両眼に行った場合、所定点数を1回のみ算定する。

27 抗悪性腫瘍剤局所持続注入の実施時に精密持続点滴を行った場合、精密持続点滴注射加算は算定できない。

28 他院のCT・MRI機器を共同利用している場合、他院が届け出ている基準ではなく、自院の基準で算定する。

29 心臓MRI撮影加算は1.5テスラ以上のMRI装置のない医療機関では算定できない。

30 DPC対象病院においては、短期滞在手術等基本料3を算定できない。

第69回

② 2級 医療秘書技能検定試験問題②答案用紙

学 校 名 （出身校）		在学（ ）年生 既卒

フリガナ		
受験者氏名	（姓）	（名）

級 区 分	
1級	①
準1級	⑴
2級	●
3級	③

答案種類	
問題①	①
問題②	●

職　　業	
医療機関勤務	①
学　　　　生	②
会　社　員	③
主　　　婦	④
そ　の　他	⑤

受 験 番 号
（最後に番号とマークをもう一度確認すること）

番号を記入しマークしてください。

（各桁）① ② ③ ④ ⑤ ⑥ ⑦ ⑧ ⑨ ⓪

設問1（1）

設 問	解 答 欄
1	① ② ③ ④ ⑤
2	① ② ③ ④ ⑤
3	① ② ③ ④ ⑤
4	① ② ③ ④ ⑤
5	① ② ③ ④ ⑤
6	① ② ③ ④ ⑤
7	① ② ③ ④ ⑤
8	① ② ③ ④ ⑤
9	① ② ③ ④ ⑤
10	① ② ③ ④ ⑤

設 問	解 答 欄
11	① ② ③ ④ ⑤
12	① ② ③ ④ ⑤
13	① ② ③ ④ ⑤
14	① ② ③ ④ ⑤
15	① ② ③ ④ ⑤
16	① ② ③ ④ ⑤
17	① ② ③ ④ ⑤
18	① ② ③ ④ ⑤
19	① ② ③ ④ ⑤
20	① ② ③ ④ ⑤

※裏面 設問1（2）、（3）へ

設問2

設 問	解 答 欄
21	① ②
22	① ②
23	① ②
24	① ②
25	① ②
26	① ②
27	① ②
28	① ②
29	① ②
30	① ②

設問１（2）

A

診療報酬明細書

（医科入院）

令和　　年　　月分

都道府県番号　省略

医療機関コード　省略

1 医科	1 社・国 / 2 公費	3 後期 / 4 退職	1 単独 / 2 2併 / 3 3併	1 本入 / 3 六入 / 5 家入	7 高入一 / 9 高入7

保険者番号		給付割合	10 9 8 / 7（　）
被保険者証・被保険者手帳等の記号・番号	（枝番）		

公費負担者番号①		公費負担医療の受給者番号①	
公費負担者番号②		公費負担医療の受給者番号②	

区分	精神　結核　療養	特記事項
氏名	1男 2女 1明 2大 3昭 4平 5令　・　・　生	省略
職務上の事由	1 職務上　2 下船後3月以内　3 通勤災害	

保険医療機関の所在地及び名称　省略

傷病名	診療開始日	転帰	診療実日数
(1)	(1)　年　月　日	治ゆ　死亡　中止	保険　日
(2)	(2)　年　月　日		公費①　日
(3)	(3)　年　月　日		公費②　日
(4)	(4)　年　月　日		

			公費分点数
⑪ 初診	時間外・休日・深夜　回	点	
⑬ 医学管理			
⑭ 在宅			

B

⑳ 投薬	㉑ 内服	単位	
	㉒ 屯服	単位	
	㉓ 外用	単位	
	㉔ 調剤	日	
	㉖ 麻毒	日	
	㉗ 調基		
㉚ 注射	㉛ 皮下筋肉内	回	
	㉜ 静脈内	回	
	㉝ その他	回	
㊵ 処置	薬剤	回	
(50) 手術麻酔	薬剤	回	
(60) 検査病理	薬剤	回	
(70) 画像診断	薬剤	回	
(80) その他	薬剤	回	

C

(90) 入院	入院年月日	年　月　日
	病　診	(90)入院基本料・加算　点 ×　日間 ×　日間 ×　日間 ×　日間 ×　日間
		(92)特定入院料・その他

療養の給付	請求　点	※決定　点	負担金額　円
保険	省略		減額　割（円）免除・支払猶予
公費①	点	※　点	円
公費②	点	※　点	円

設問１（3）

E	
F	
G	
H	
I	判尿・判遺・判血・判生Ⅰ・判生Ⅱ・判免・判微・判組診・判細診・判病判・判呼・判脳1・判脳2・判神・判ラ
J	

D

(97) 食事・生活	基準	円×	回	
	特別	円×	回	
	食堂	円×	日	
	環境	円×	日	
食事・生活療養	保険	回	請求　円	（標準負担額）　円
	公①	回	円	円
	公②	回	円	円

MEMO

第 70 回（ 2022 年 11 月 6 日実施 ）

医療秘書技能検定試験
2級

設問1. 次の指示に従って、答案用紙に記入しなさい。

(1) $\boxed{1}$ ～ $\boxed{20}$ については、下記の解答欄の中の正しい解答の番号のマーク欄を塗りつぶしなさい。

	①	②	③	④	⑤		①	②	③	④	⑤
$\boxed{1}$	305	325	380	355	その他	$\boxed{11}$	3,600	4,000	5,000	7,600	その他
$\boxed{2}$	24	3	2	40	その他	$\boxed{12}$	4,000	7,600	3,600	5,400	その他
$\boxed{3}$	102	101	53	47	その他	$\boxed{13}$	3,850	385	172	213	その他
$\boxed{4}$	107	1,368	119	137	その他	$\boxed{14}$	130	150	126	117	その他
$\boxed{5}$	36	51	83	68	その他	$\boxed{15}$	125	144	413	513	その他
$\boxed{6}$	103	123	99	119	その他	$\boxed{16}$	153	210	287	57	その他
$\boxed{7}$	24	54	45	48	その他	$\boxed{17}$	1	2	3	4	その他
$\boxed{8}$	194	131	150	253	その他	$\boxed{18}$	1,000	1,020	1,120	1,140	その他
$\boxed{9}$	530	880	500	1,500	その他	$\boxed{19}$	120	450	180	70	その他
$\boxed{10}$	2	3	1	4	その他	$\boxed{20}$	70	300	120	175	その他

(2) A～H及びI欄については、「診療報酬請求書等の記載要領等について」に従い、記入しなさい。

(3) 検査はすべて院内において実施したものです。

(4) 検体検査判断料については、解答用紙のI欄の該当するものを○で囲みなさい。

(5) ＊標榜診療科目は、内科、外科、小児科、脳神経外科、循環器科、消化器外科、泌尿器科、整形外科、リハビリテーション科、皮膚科、放射線科、麻酔科です。

＊出題のカルテは許可病床数280床の一般病院の例です。

＊薬剤師、管理栄養士、放射線科医、病理専門医、麻酔医は常勤です。

＊出題の保険医療機関は、月曜日から土曜日まで毎日午前9時から午後5時まで診療、日曜日・祝日は休診です。

＊薬剤価格等については、カルテに表示してある価格で算定しなさい。

(6) 届出事項及び厚生労働大臣が定める施設基準を満たす項目は次のとおりです。

急性期一般入院基本料5【入院診療計画実施・院内感染防止対策実施・褥瘡対策実施・医療安全管理体制実施・栄養管理体制実施・意思決定支援及び身体的拘束最小化実施】2級地、臨床研修病院入院診療加算（協力型）（臨床研修実施中）、診療録管理体制加算2、療養環境加算、医療安全対策加算2、感染対策向上加算2、データ提出加算1イ、画像診断管理加算1及び2、CT撮影（64列以上のマルチスライス型・その他）、及びMRI撮影（1.5テスラ以上3テスラ未満）、麻酔管理料I、薬剤管理指導料、検体検査管理加算（II）、入院時食事療養（I）、食堂加算

(7) 手術前医学管理料・手術後医学管理料は算定しないものとします。

(8) このカルテは、検定試験用として作成されたものです。臨床的内容と一部異なる場合があります。

【注意事項】

「診療報酬請求書等の記載要領」とは、厚生労働省通知（「診療報酬請求書等の記載要領等について」）に示されている記載要領のことです。よって、現在、医療機関等で慣用化されている略号等を用いて記載されたものについては、正解とみなされませんので、充分ご注意ください。

診　　療　　録

保険者番号	0 6 1 3 2 0 2 1			氏名	村上 宗貴 男・女			公費負担者番号①				
被保険者証 被保険者手帳	記号・番号	485・1856 枝番 00	受 診 者					受給者番号①				
	有効期限	令和　年　月　日		明・大・㊪・平56年5月18日生				公費負担者番号②				
資格取得		平成　年　月　日		住所	省　略			受給者番号②				
被保険者氏名		村上 宗貴					保険者	所在地			省　略	
事業所 (船舶所有者)	所在地	省　略		職業		本人		名称			省　略	
	名称											

傷　病　名	職務	開　始	終　了	転　帰	期間満了予定日
(1) うっ血性心不全（主）	上外	5年4月27日	年　月　日	治ゆ・死亡・中止	年　月　日
(2) 不整脈	上外	5年4月24日	年　月　日	治ゆ・死亡・中止	年　月　日
(3) 本態性高血圧症	上外	5年4月24日	年　月　日	治ゆ・死亡・中止	年　月　日
(4) 脂質異常症	上外	5年4月24日	年　月　日	治ゆ・死亡・中止	年　月　日
	上外	年　月　日	年　月　日	治ゆ・死亡・中止	年　月　日

既往症・原因・主要症状・経過	処方・手術・処置等
令和5年4月26日（水）　9：15入院 　近医にて、高血圧症、脂質異常症で治療管理中。今月半ばより動悸を訴え、当院を紹介され、24日外来受診。 　検査目的にて入院。 胸部X-P、CT所見 　（放射線科医の読影結果別紙） 入院診療計画書作成、本人に対し、入院期間、検査等の説明と同意書をもらう。 昼より脂質異常症食 令和5年4月27日（木） 　朝・昼禁食 　心臓カテーテル検査左右　10：00施行 検査の結果、うっ血性心不全 NYHA I 度 食事療法・投薬にて経過観察とする 　夕食より脂質異常症食 　　塩分6g以下 令和5年4月28日（金） 　退院後は、かかりつけ近医にてフォロー希望 薬剤師より不整脈用剤（ジソピラミドカプセル）等について薬剤管理指導を実施 診療情報提供（検査結果等添付） 本日昼食後退院	令和5年4月26日（水） 　末梢血液一般、出血、PT、APTT 　TP、AST、ALT、クレアチニン、LD、T-BIL、ALP、Amy、 　γ-GT、BUN、グルコース、LDL-cho、TG、HDL-cho、 　ナトリウム及びクローム、カリウム 　ABO、Rh (D)、STS定性、梅毒トレポネーマ抗体定性 　HBs抗原定性・半定量、HCV抗体定性・定量、CRP 　ECG12 　心臓超音波検査(経胸壁心エコー法) 　胸部単純X-P デジタル撮影1回　電子画像管理 　胸部CT撮影（64列以上のマルチスライス型）電子画像管理 令和5年4月27日（木） 　点滴注射 　ソリタ-T1号輸液500mL 2袋（1袋=177円） 　パンスポリン静注用1gバッグS 1キット 　　　　　　　　　　　　（1キット=1,014円） 　心臓カテーテル法による諸検査 左右　冠動脈造影 　イソジン液10%20mL（1mL=2.42円） 　キシロカイン注ポリアンプ1%5mL 1A(1A=59円) 　大塚生食注500mL 2瓶（1瓶=193円） 　ヘパリンナトリウム1万単位10mL 1瓶 　　　　　　　　　　　　（1瓶=391円） 　ミリスロール25mg 50mL 1瓶（1瓶=1,219円） 　イオパミロン370 75.52%100mL 1瓶 　　　　　　　　　　　　（1瓶=2,986円） 　血管造影用シースイントロデューサーセット (1) 　一般用（1セット=2,130円） 　血管造影用カテーテル (1) 一般用(1本=1,720円) 令和5年4月28日（金） ECG12 Rp.退院時処方 ①メバロチン5mg 2T（1T=15.2円）分2×7TD ②アジルバ20mg 1T（1T=83.3円）分1×7TD ③ジソピラミド徐放錠150mg「SW」2T（1T 12.0円） 　　　　　　　　　　　　　　分2×7TD

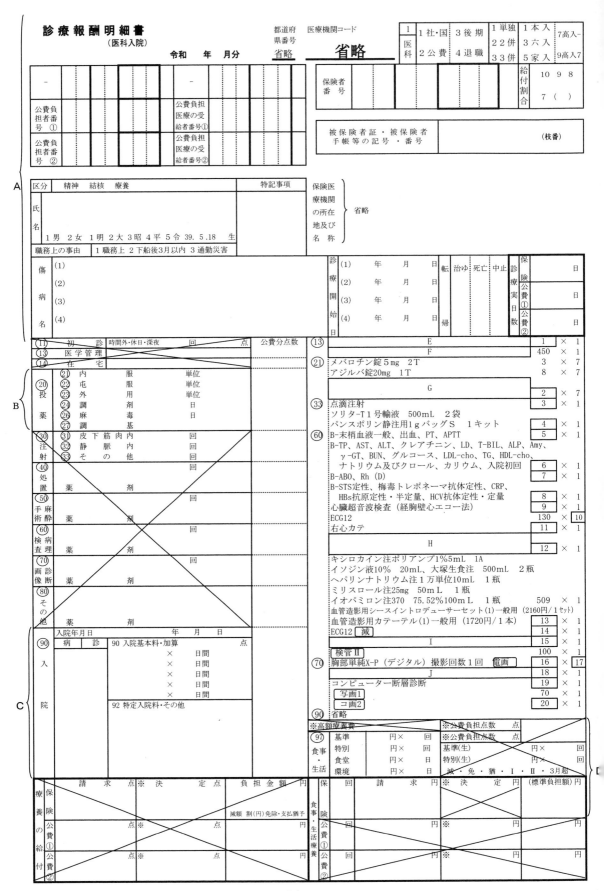

設問2. 次の文章を読み、正しいものは①の、誤っているものは②のマークシート欄を塗りつぶしなさい。

（①または②のみにマークする機械的な回答は、該当する全ての設問を0点とする。）

21 自他覚的症状がなく健康診断を目的とする受診により疾患が発見された患者について、当該保険医が特に治療の必要性を認め治療を開始した場合は、初診料を算定できる。

22 クローン病、潰瘍性大腸炎等により腸管の機能が低下している患者に対する低残渣食については、特別食として取り扱って差し支えない。

23 データ提出加算の施設基準には、診療録管理体制加算及び明細書発行体制等加算に係る届出を行っている保険医療機関であることが含まれる。

24 複数の診療科を標榜する保険医療機関において、2以上の診療科で異なる医師が処方した場合、それぞれの処方につき処方箋料を算定できる。

25 高血圧症の患者に対する塩分の総量が6g未満の減塩食は、外来栄養食事指導料及び入院栄養食事指導料の対象となる特別食である。

26 病理診断料の病理診断管理加算の施設基準にある「病理診断を専ら担当する常勤の医師」は、検体検査管理加算（Ⅲ）及び（Ⅳ）の施設基準にある「臨床検査を専ら担当する医師」と兼任でもよい。

27 骨移植術（軟骨移植術を含む）は、移植用に採取した健骨を複数か所に移植した場合であっても、当該手術の所定点数を1回のみ算定する。

28 造影剤注入手技において、静脈造影カテーテル法は、副腎静脈、奇静脈又は脊椎静脈に対して実施した場合に算定できる。

29 視能訓練は、両眼視機能に障害のある患者に対して、その両眼視機能回復のため矯正訓練（斜視視能訓練、弱視視能訓練）を行った場合、1日に2回を限度として算定できる。

30 月の途中において保険者番号の変更があった場合は、保険者番号ごとに、それぞれ別の明細書を作成する。

② 級 医療秘書技能検定試験問題②答案用紙

学校名 (出身校)		在学（　）年生 既卒

フリガナ		
受験者氏名	(姓)	(名)

受　験　番　号
(最後に番号とマークをもう一度確認すること)

番号を記入しマークしてください。

①	①	①	①	①	①	①
②	②	②	②	②	②	②
③	③	③	③	③	③	③
④	④	④	④	④	④	④
⑤	⑤	⑤	⑤	⑤	⑤	⑤
⑥	⑥	⑥	⑥	⑥	⑥	⑥
⑦	⑦	⑦	⑦	⑦	⑦	⑦
⑧	⑧	⑧	⑧	⑧	⑧	⑧
⑨	⑨	⑨	⑨	⑨	⑨	⑨
⓪	⓪	⓪	⓪	⓪	⓪	⓪

級区分

1級	①
準1級	㊞
2級	●
3級	③

答案種類

問題①	①
問題②	●

職　業

医療機関勤務	①
学　　　生	②
会　社　員	③
主　　　婦	④
そ　の　他	⑤

設問1（1）

設問	解　答　欄
1	① ② ③ ④ ⑤
2	① ② ③ ④ ⑤
3	① ② ③ ④ ⑤
4	① ② ③ ④ ⑤
5	① ② ③ ④ ⑤
6	① ② ③ ④ ⑤
7	① ② ③ ④ ⑤
8	① ② ③ ④ ⑤
9	① ② ③ ④ ⑤
10	① ② ③ ④ ⑤

設問	解　答　欄
11	① ② ③ ④ ⑤
12	① ② ③ ④ ⑤
13	① ② ③ ④ ⑤
14	① ② ③ ④ ⑤
15	① ② ③ ④ ⑤
16	① ② ③ ④ ⑤
17	① ② ③ ④ ⑤
18	① ② ③ ④ ⑤
19	① ② ③ ④ ⑤
20	① ② ③ ④ ⑤

※裏面 設問1（2）、（3）へ

設問2

設問	解　答　欄
21	① ②
22	① ②
23	① ②
24	① ②
25	① ②
26	① ②
27	① ②
28	① ②
29	① ②
30	① ②

設問1（2）

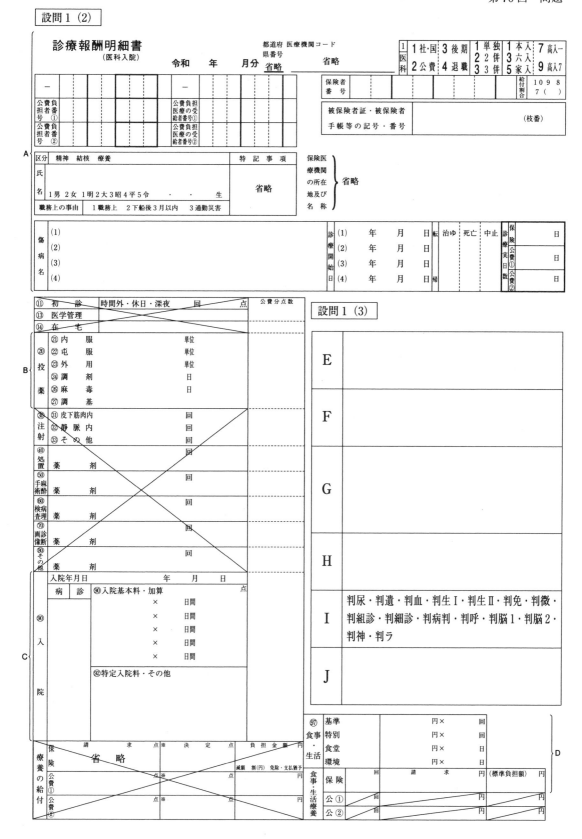

| 診療報酬明細書
（医科入院） | | | 令和　　年　　月分 | 都道府
県番号
省略 | 医療機関コード
省略 | | 1
医
科 | 1 社・国
2 公費 | 3 後期
4 退職 | 1 単
2 2
3 3 | 独
併
併 | 1 本入
3 六入
5 家入 | 7 高入一
9 高入7 |

| | | | | | | 保険者
番号 | | | | | | | 給付割合 | 10 9 8
7 ( ) |

公費負担番号①
公費負担医療の受給者番号①
公費負担番号②
公費負担医療の受給者番号②

被保険者証・被保険者
手帳等の記号・番号　　　　　　　　　　（枝番）

A

区分　精神　結核　療養　　　　特記事項　　保険医療機関の所在地及び名称　省略

氏名　1男 2女　1明 2大 3昭 4平 5令　　・　・　　生　　省略

職務上の事由　1職務上　2下船後3月以内　3通勤災害

傷病名
(1)
(2)
(3)
(4)

診療開始日
(1) 年 月 日
(2) 年 月 日
(3) 年 月 日
(4) 年 月 日

転帰　治ゆ　死亡　中止

診療実日数
保険　　日
公費①　日
公費②　日

B

⑪ 初　診　時間外・休日・深夜　回　点　公費分点数
⑬ 医学管理
⑭ 在　宅
⑳ 投薬　㉑ 内　服　単位
　　　㉒ 屯　服　単位
　　　㉓ 外　用　単位
　　　㉔ 調　剤　日
　　　㉖ 麻　毒　日
　　　㉗ 調　基
㉚ 注射　㉛ 皮下筋肉内　回
　　　㉜ 静脈内　回
　　　㉝ その他　回
⑳ 処置　薬　剤　回
⑳ 手術麻酔　薬　剤　回
⑳ 検査病理　薬　剤　回
⑳ 画像診断　薬　剤　回
⑳ その他　薬　剤　回

設問1（3）

E	
F	
G	
H	
I	判尿・判遺・判血・判生Ⅰ・判生Ⅱ・判免・判微・判組診・判細診・判病判・判呼・判脳1・判脳2・判神・判ラ
J	

C

⑳ 入院
入院年月日　　　年　　月　　日
病　診
⑳ 入院基本料・加算　　　点
　×　　日間
　×　　日間
　×　　日間
　×　　日間
　×　　日間
⑫ 特定入院料・その他

療養の給付
保険　省略
公費①
公費②

請　求　点　※　決　定　点　負担金額　円
減額　割（円）免除・支払猶予

D

⑼ 食事・生活
基準　円×　回
特別　円×　回
食堂　円×　日
環境　円×　日
保険　回　請　求　円　（標準負担額）　円
公①　回　円　円
公②　回　円　円

MEMO

第71回（ 2023 年 11 月 12 日実施 ）

医療秘書技能検定試験
2級

問題②「医療事務」

試験時間　60 分

　　　　　　　　　　　　　 解答は答案用紙に記入のこと

設問1．次の指示に従って、答案用紙に記入しなさい。

(1) 　1　～　20　については、下記の解答欄の中の正しい解答の番号のマーク欄を塗りつぶしなさい。

1	① 305 ② 325 ③ 380 ④ 355 ⑤その他	11	① 80 ② 160 ③ 750 ④ 830 ⑤その他
2	① 325 ② 305 ③ 300 ④ 380 ⑤その他	12	① 1,990 ② 450 ③ 860 ④ 1,720 ⑤その他
3	① 1 ② 3 ③ 4 ④ 2 ⑤その他	13	① 1,720 ② 2,580 ③ 1,010 ④ 860 ⑤その他
4	① 14 ② 135 ③ 15 ④ 13 ⑤その他	14	① 720 ② 690 ③ 400 ④ 1,600 ⑤その他
5	① 4 ② 2 ③ 5 ④ 6 ⑤その他	15	① 12 ② 11 ③ 22 ④ 33 ⑤その他
6	① 9 ② 179 ③ 18 ④ 90 ⑤その他	16	① 7 ② 5 ③ 3 ④ 4 ⑤その他
7	① 25 ② 20 ③ 660 ④ 50 ⑤その他	17	① 55 ② 37 ③ 5 ④ 60 ⑤その他
8	① 45,300 ② 47,800 ③ 52,800 ④ 50,300 ⑤その他	18	① 130 ② 670 ③ 520 ④ 640 ⑤その他
9	① 7,450 ② 745 ③ 542 ④ 427 ⑤その他	19	① 320 ② 120 ③ 150 ④ 130 ⑤その他
10	① 13,915 ② 13,315 ③ 20,435 ④ 14,545 ⑤その他	20	① 1,120 ② 1,140 ③ 800 ④ 920 ⑤その他

(2) A～J欄については、「診療報酬請求書等の記載要領等について」に従い、記入しなさい。

(3) 検査はすべて院内において実施したものです。

(4) 検査判断料については、解答用紙のⅠ欄の該当するものを○で囲みなさい。

(5) ＊標榜診療科目は、内科、外科、小児科、脳神経外科、循環器科、消化器外科、泌尿器科、整形外科、呼吸器外科、リハビリテーション科、皮膚科、放射線科、麻酔科です。

　　＊出題のカルテは許可病床数280床の一般病院の例です。

　　＊薬剤師、管理栄養士、放射線科医、病理専門医、麻酔医、理学療法士は常勤です。

　　＊出題の保険医療機関は、月曜日から土曜日まで午前9時から午後5時まで診療。

　　日曜・祝日は休診です。

　　＊薬剤価格等については、カルテに表示してある価格で算定しなさい。

(6) 届出事項及び厚生労働大臣が定める施設基準を満たす項目は次のとおりです。

急性期一般入院基本料1【入院診療計画実施・院内感染防止対策実施・褥瘡対策実施・医療安全管理体制実施・栄養管理体制実施・意思決定支援及び身体的拘束最小化実施】2級地、臨床研修病院入院診療加算（協力型）(臨床研修実施中)、診療録管理体制加算2、医師事務作業補助体制加算2の25、医療安全対策加算1、感染対策向上加算1、指導強化加算、データ提出加算2イ、画像診断管理加算1及び2、CT撮影（64列以上のマルチスライス型・その他）、病理診断管理加算1、麻酔管理料Ⅰ、薬剤管理指導料、検体検査管理加算（Ⅱ）、入院時食事療養（Ⅰ）、食堂加算、医科点数表第2章第10部手術通則第5号に掲げる手術

(7) 手術前医学管理料・手術後医学管理料は算定しないものとします。

(8) このカルテは、検定試験用として作成されたものです。臨床的内容と一部異なる場合があります。

【注意事項】

「診療報酬請求書等の記載要領」とは、厚生労働省通知（「診療報酬請求書等の記載要領等について」）に示されている記載要領のことです。よって、現在、医療機関等で慣用化されている略号等を用いて記載されたものについては、正解とみなされませんので、充分ご注意ください。

診　療　録

保険者番号		0 6 1 3 0 0 1 7		氏名	芦田 愛美 男・⊗女	公費負担者番号①		
被保険者証 被保険者手帳	記号・番号	5645・2987 枝番 00	受			受給者番号 ①		
	有効期限	令和 年 月 日			明・大・㊆・平 40年 5月 12日生	公費負担者番号②		
	資格取得	平成 年 月 日	診	住所	省 略	受給者番号 ②		
被保険者氏名		芦田 愛美	者			保険者	所在地	省 略
事業所 (船舶所有者)	所在地 名称	省 略		職業	本人		名称	省 略

傷病名	職務	開始	終了	転帰	期間満了予定日
(1) 右肺癌（主）	上外	5年 4月 10日	年 月 日	治ゆ・死亡・中止	年 月 日
(2) 糖尿病	上外	5年 1月 24日	年 月 日	治ゆ・死亡・中止	年 月 日
(3) 直腸S状部癌	上外	5年 1月 24日	年 月 日	治ゆ・死亡・中止	年 月 日

既往症・原因・主要症状・経過	処方・手術・処置 等
令和5年9月27日（水）　10：30 入院 直腸S状部癌術後、4月に肺転移を確認。 抗がん剤投与終了。糖尿病と共に治療管理 中。手術目的にて入院。 今月外来にて、胸部CT、術前検査施行。 入院診療計画書作成、本人に対し、入院期 間、検査等の説明と同意書をもらう。 薬剤師より糖尿病用剤（ジャヌビア）につ いて薬剤管理指導を実施 麻酔科医の術前診察（麻酔困難者非該当） 昼より糖尿病食 令和5年9月28日（木） 本日禁食 弾性ストッキング着用 常勤麻酔医による全身管理 14：00 手術開始 経皮的動脈血酸素飽和度測定 呼吸心拍監視(14：00〜24：00) 帰室後酸素吸入　液化酸素 CE　546L 　　　　　　　　（1L=0.19円） 血液ガス分析 病理レポート（組織診断）別紙 令和5年9月29日（金） 常勤麻酔医による術後診察　経過良好 膀胱留置用カテーテルは、17時抜去 点滴注射　　（朝・夕） 　セファゾリンNa点滴静注用1gバッグ「NP」 　（生食100mL付）1キット(1キット=772円) 夕より糖尿病食再開 令和5年9月30日（土） 術後経過良好、ドレーン抜去 点滴注射　do　（朝・夕） 次週、呼吸器リハビリテーション開始 　　　　　　以下省略	令和5年9月27日（水） 　外来にて(判血、判生Ⅰ、判免）請求済み 　糖（試験紙法） 　Rp. ジャヌビア錠 50mg 1T（1T= 111.50円）分1×7TD 令和5年9月28日（木） 　糖（試験紙法）朝・夕 　閉鎖循環式全身麻酔 　(分離肺換気によるもの70分、側臥位50分、仰臥位20分) 　硬膜外麻酔併施加算(胸部)(14：00〜16：20) 　胸腔鏡下肺切除術（部分切除） 　　自動縫合器加算　3個 　　吸引留置カテーテル（能動型・一般型・硬質型） 　　（1本1,150円）1本、膀胱留置用ディスポーザブル 　　カテーテル（2管一般(3)・閉鎖式)（1本2,030円)1本 　　携帯型ディスポーザブル注入ポンプ（PCA型） 　　（1本4,270円） 　＊手術・麻酔・使用薬剤、酸素省略 　T-M/OP（所属リンパ節）、T-M（組織切片）右肺 　免疫染色病理組織標本作成（その他）1臓器 令和5年9月29日（金） 　硬膜外麻酔後における局所麻酔剤の持続的注入 　（精密持続注入） 　　ポプスカイン0.25%注 25mg/10mL 1A(1A=247.0円) 　ドレーン法 　胸部CT撮影（64列以上のマルチスライス型）電子画像管理 　糖（試験紙法）（朝・夕） 　超音波ネブライザ　（朝・夕） 　　ベネトリン吸入液 0.5%　1.5mL(1mL=17.2円) 　　生理食塩液 20mL　1A(1A=62.0円) 令和5年9月30日（土） 　硬膜外麻酔後における局所麻酔剤の持続的注入 　（精密持続注入）ポプスカイン0.25%25mg/10mL 1A 　糖（試験紙法）（朝・夕） 　ドレーン法 　超音波ネブライザ　do　（朝・夕）

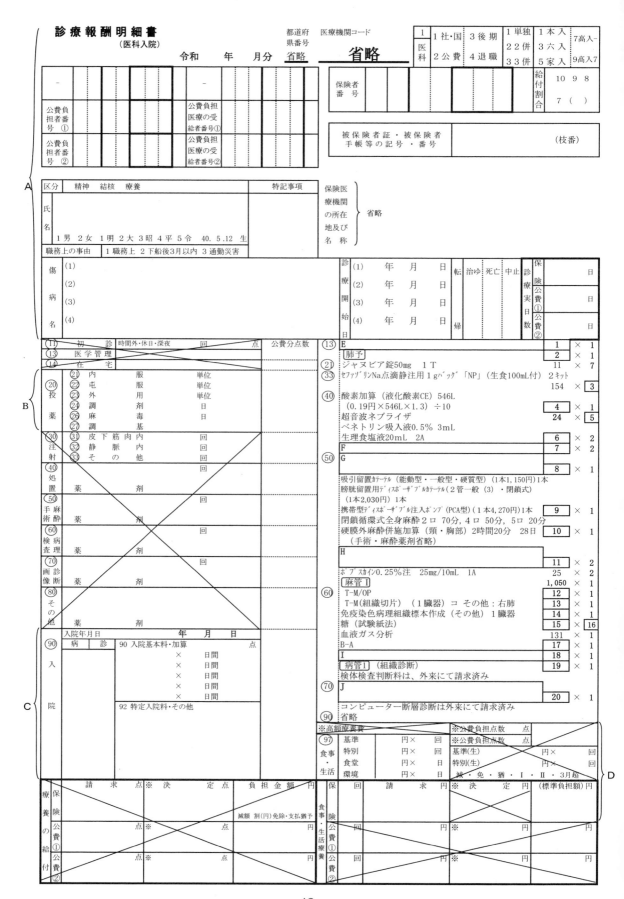

診療報酬明細書
（医科入院）

令和　　年　　月分　省略

省略

設問2. 次の文章を読み、正しいものは①の、誤っているものは②のマークシート欄を塗りつぶしなさい。

（①または②のみにマークする機械的な回答は、該当する全ての設問を0点とする。）

21　労災保険で治療中の患者が、他の病気で保険診療を受けた場合、新たに初診料を算定できる。

22　午後10時に緊急入院した患者が翌日午前11時に退院した場合、入院料は1日分を算定する。

23　特別食加算は、治療食等を対象とするものであり、単なる離乳食や幼児食を提供した場合は、算定できない。

24　ベーチェット病は、難病外来指導管理料の対象疾患であるが、難病患者等入院診療加算の対象疾患ではない。

25　2以上の保険医療機関で、同一患者の異なる疾患に対する在宅自己注射管理を行っている場合は、主たる医療機関で当該指導管理料を算定する。

26　外来化学療法加算は、専用のベッドを有する治療室を保有していることが要件となっている。

27　内視鏡を用いた手術と同時に行う内視鏡検査料は、別に算定できない。

28　常勤の麻酔科標榜医が算定の対象となる麻酔手技を行えば、麻酔前後の診察が非常勤の医師であっても、麻酔管理料Ⅰを算定できる。

29　放射線治療管理料は、体外照射や密封小線源治療の外部照射、腔内照射等の照射方法を併せて行った場合でも、患者1人につき1回に限り算定する。

30　介護保険適用病床で、患者の急性増悪により緊急に診療を行った場合、明細書の摘要欄に介と表示し、診療が必要となった理由を記載する。

第71回

2 級 医療秘書技能検定試験問題②答案用紙

学 校 名 (出身校)		在学（　）年生 既卒

フリガナ		
受験者氏名	(姓)	(名)

級区分

1級	①
準1級	(準1)
2級	●
3級	③

答案種類

問題①	①
問題②	●

職　　業

医療機関勤務	①
学　　　　生	②
会　社　員	③
主　　　　婦	④
そ　の　他	⑤

受　験　番　号
（最後に番号とマークをもう一度確認すること）

番号を記入しマークしてください。

①①①①①①①
②②②②②②②
③③③③③③③
④④④④④④④
⑤⑤⑤⑤⑤⑤⑤
⑥⑥⑥⑥⑥⑥⑥
⑦⑦⑦⑦⑦⑦⑦
⑧⑧⑧⑧⑧⑧⑧
⑨⑨⑨⑨⑨⑨⑨
⑩⑩⑩⑩⑩⑩⑩

設問1（1）

設 問	解　答　欄
1	① ② ③ ④ ⑤
2	① ② ③ ④ ⑤
3	① ② ③ ④ ⑤
4	① ② ③ ④ ⑤
5	① ② ③ ④ ⑤
6	① ② ③ ④ ⑤
7	① ② ③ ④ ⑤
8	① ② ③ ④ ⑤
9	① ② ③ ④ ⑤
10	① ② ③ ④ ⑤

設 問	解　答　欄
11	① ② ③ ④ ⑤
12	① ② ③ ④ ⑤
13	① ② ③ ④ ⑤
14	① ② ③ ④ ⑤
15	① ② ③ ④ ⑤
16	① ② ③ ④ ⑤
17	① ② ③ ④ ⑤
18	① ② ③ ④ ⑤
19	① ② ③ ④ ⑤
20	① ② ③ ④ ⑤

※裏面 設問1（2）、（3）へ

設問2

設 問	解　答　欄
21	① ②
22	① ②
23	① ②
24	① ②
25	① ②
26	① ②
27	① ②
28	① ②
29	① ②
30	① ②

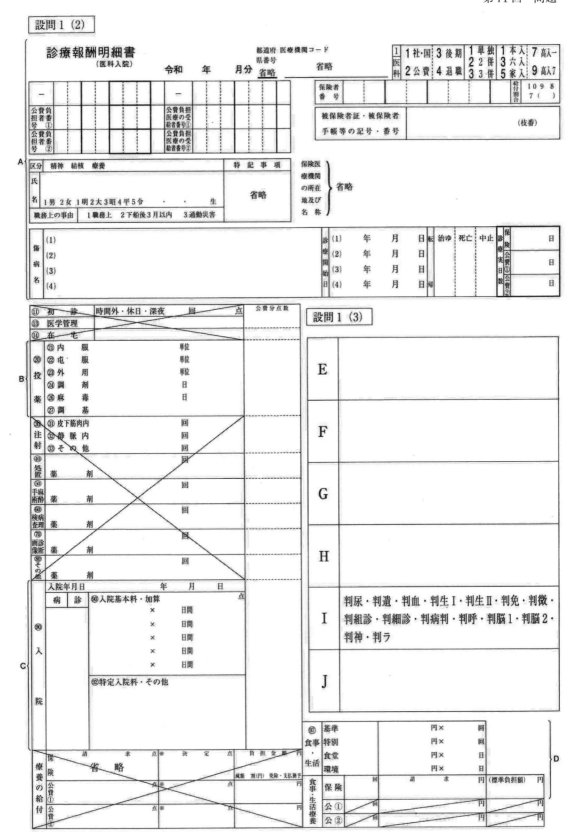

設問1（2）

診療報酬明細書（医科入院）

令和　年　月分

| 1 医科 | 1 社・国　3 後期
2 公費　4 退職 | 1 単独
2 2併
3 3併 | 1 独併
2 2併
3 5併 | 1 本入
3 六入
5 家入 | 7 高入一
9 高入7 |

都道府　医療機関コード
県番号　　　省略

保険者番号 ／ 給付割合 10 9 8
7（　）

被保険者証・被保険者
手帳等の記号・番号 （枝番）

公費負担者番号①
公費負担者番号② ／ 公費負担医療の受給者番号①
公費負担医療の受給者番号②

A

区分　精神　結核　療養

氏名　1男 2女　1明 2大 3昭 4平 5令 ・ ・ 生

特記事項　省略

職務上の事由　1職務上　2下船後3月以内　3通勤災害

保険医療機関の所在地及び名称　省略

傷病名　(1)(2)(3)(4)

診療開始日　(1)(2)(3)(4)　年 月 日　転帰　治ゆ 死亡 中止

保険 公費① 公費②　診療実日数　日

B

⑪ 初 診　時間外・休日・深夜　回　点	公費分点数
⑬ 医学管理	
⑭ 在 宅	
⑳ 投薬	㉑内 服　単位 ㉒屯 服　単位 ㉓外 用　単位 ㉔調 剤　日 ㉖麻 毒　日 ㉗調 基
㉚ 注射	㉛皮下筋肉内　回 ㉜静 脈 内　回 ㉝そ の 他　回
⑳ 処置	薬 剤
㊿ 手術麻酔	薬 剤　回
⑯ 検査病理	薬 剤　回
⑦ 画像診断	薬 剤　回
⑧ その他	薬 剤　回

C

入院年月日　　年 月 日

病 診	⑨⓪入院基本料・加算　点
⑨ 入院	×　日間 ×　日間 ×　日間 ×　日間 ×　日間
	⑨②特定入院料・その他

療養の給付

	請求　点　決定　点　負担金額
保険	省略
公費①	点　減額 割(円) 免除・支払猶予　点 円
公費②	点　点 円

D

| ⑳ 食事・生活 | 基準　円×　回
特別　円×　回
食堂　円×　日
環境　円×　日 |
| 食事・生活療養 | 保険　回　請求　円　(標準負担額) 円
公①　回　円　円
公②　回　円　円 |

設問1（3）

E	
F	
G	
H	
I	判尿・判遺・判血・判生Ⅰ・判生Ⅱ・判免・判微・ 判組診・判細診・判病判・判呼・判脳1・判脳2・ 判神・判ラ
J	

MEMO

MEMO

MEMO

本試験問題
解答・解説

■第67回〜第71回の検定試験に出題されたカルテの診療年月にかかわりなく、解説はすべて2024年6月1日現在の点数表と薬価基準により行われています。

第67回問題　解答・解説

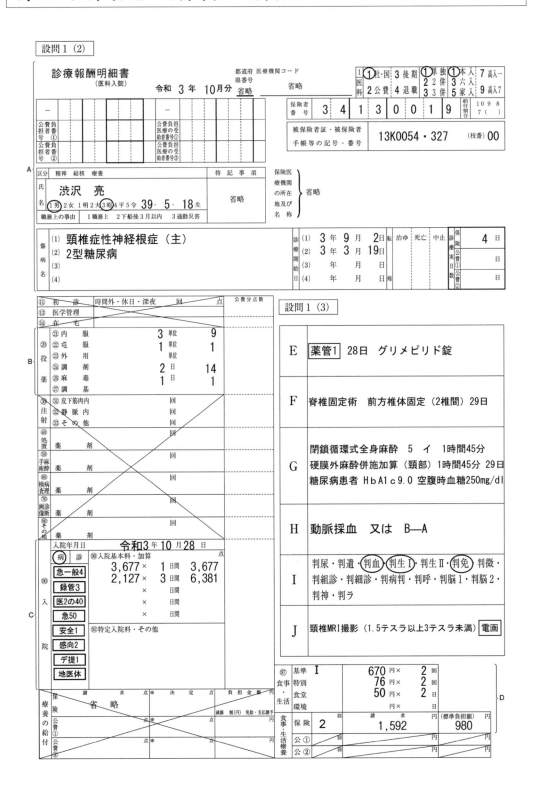

設問1（2）

A

診療報酬明細書（医科入院）　令和 3 年 10月分　都道府県番号 省略　医療機関コード 省略

1 医科　①社・国　2 公費　3 後期　4 退職　①単独　2 2併　3 3併　①本入　3 六入　5 家入　7 高入一　9 高入7

保険者番号	3 4 1 3 0 0 1 9
給付割合	10 9 8 7（ ）
被保険者証・被保険者手帳等の記号・番号	13K0054・327 （枝番）00

公費負担者番号①　公費負担医療の受給者番号①
公費負担者番号②　公費負担医療の受給者番号②

区分　精神　結核　療養　　特記事項　省略

氏名　渋沢　亮　①男　2女　1明　2大　③昭　4平　5令　39・5・18生

職務上の事由　1職務上　2下船後3月以内　3通勤災害

保険医療機関の所在地及び名称　省略

傷病名		診療開始日	転帰	診療実日数
(1)	頸椎症性神経根症（主）	(1) 3年 9月 2日	治ゆ　死亡　中止	保険 4 日
(2)	2型糖尿病	(2) 3年 3月 19日		公費① 日
(3)		(3) 年 月 日		公費② 日
(4)		(4) 年 月 日		

			点	公費分点数
⑪ 初診	時間外・休日・深夜	回		
⑬ 医学管理				
⑭ 在宅				

B

⑳ 投薬			
㉑ 内服	3	単位	9
㉒ 屯服	1	単位	1
㉓ 外用		単位	
㉔ 調剤	2	日	14
㉖ 麻毒	1	日	1
㉗ 調基			

㉚ 注射	㉛ 皮下筋肉内 / ㉜ 静脈内 / ㉝ その他	回
(40) 処置	薬剤	回
(50) 手術麻酔	薬剤	回
(60) 検査病理	薬剤	回
(70) 画像診断	薬剤	回
(80) その他	薬剤	回

C

(90) 入院

入院年月日　令和3年10月28日

㊖　診　(90)入院基本料・加算

3,677 ×	1	日間	3,677
2,127 ×	3	日間	6,381
×		日間	
×		日間	
×		日間	

急一般4　録管3　医2の40　急50　安全1　感向2　デ提1　地医体

(92)特定入院料・その他

療養の給付	請求 点	※決定 点	負担金額 円
保険	省略		減額 割(円) 免除・支払猶予
公費①			
公費②			

D

(97) 食事・生活			
基準 Ⅰ	670 円×	2	回
特別	76 円×	2	回
食堂	50 円×	2	日
環境	円×		日

食事・生活療養	回	請求 円	（標準負担額）円
保険	2	1,592	980
公①			
公②			

設問1（3）

E	薬管1　28日　グリメピリド錠
F	脊椎固定術　前方椎体固定（2椎間）29日
G	閉鎖循環式全身麻酔　5　イ　1時間45分 硬膜外麻酔併施加算（頸部）1時間45分　29日 糖尿病患者 HbA1c9.0 空腹時血糖250mg/dl
H	動脈採血　又は　B—A
I	判尿・判遺・判血・判生Ⅰ・判生Ⅱ・判免・判微・判組診・判細診・判病判・判呼・判脳1・判脳2・判神・判ラ
J	頸椎MRI撮影（1.5テスラ以上3テスラ未満）電画

設問 1
<解説>

【医療機関届出内容等】※入院料及び入院食事療養費は後述します。

（1）　許可病床数 290 床の一般病院（救急指定病院）
（2）　標榜診療科目は、内科、外科、小児科、脳神経外科、循環器科、乳腺外科、泌尿器科、整形外科、リハビリテーション科、皮膚科、耳鼻咽喉科、放射線科、麻酔科
（3）　薬剤師、管理栄養士、放射線科医、病理専門医、麻酔医は常勤
（4）　診療時間は、月曜日から土曜日が午前 9 時から午後 5 時、日曜日及び祝日は休診の保険医療機関
（5）　画像診断管理加算 1・2、CT 撮影（64 列以上マルチスライス）、MRI 撮影（1.5 テスラ以上 3 テスラ未満）、麻酔管理料（Ⅰ）、薬剤管理指導料、検体検査管理加算（Ⅱ）

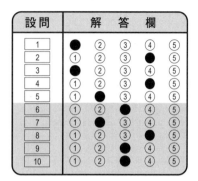

設問	解 答 欄				
1	●	②	③	④	⑤
2	①	②	③	●	⑤
3	●	②	③	④	⑤
4	①	②	●	④	⑤
5	①	●	③	④	⑤
6	①	②	●	④	⑤
7	①	②	③	●	⑤
8	①	②	●	④	⑤
9	①	②	●	④	⑤
10	①	②	●	④	⑤

【医学管理】

● 10 月 28 日
薬剤管理指導料
安全管理が必要な医薬品（糖尿病用剤）について指導しているので、薬剤管理指導料 1（略称：薬管 1）「380 点」を算定。⇒　E ①
　　※明細書摘要欄記載については、指導を行った日（28 日）と薬剤名の記載が必要

● 10 月 29 日
肺血栓塞栓症予防管理料
弾性ストッキング着用と記載されているので、肺血栓塞栓症予防管理料（略称：肺予）「305 点」を算定。⇒ ②

【投薬】

● 10 月 28 日　内服薬
グリメピリド錠 0.5mg　3 錠　9.80 円× 3 錠＝ 29.4 円⇒「3 点」× 3

● 10 月 28 日　屯服薬
レンドルミン錠 0.25mg　1 錠　12.50 円× 1 錠＝ 12.50 円⇒「1 点」× 1

調剤料	入院中の患者に対して投薬を実施した場合、1 日につき 7 点を算定。28 日・29 日・30 日の 3 日間算定できるが、28 日に「指示があるまでグリメピリド錠投薬中止」と記載されているため、29 日・30 日は算定不可。28 日と再開された 31 日の 2 日分を算定。「7 点× 2 日」	⇒ B
麻薬等加算	入院中の患者に対して、1 日につき 1 点を算定。レンドルミン錠が「向精神薬」なので 28 日の 1 日分を算定。「1 点× 1 日」	
調基	薬剤師常勤となっているが、薬剤管理指導料を算定しているので、算定不可。	

【注射】
● 10 月 29 日
点滴注射実施料
　29 日は手術を施行。手術当日に手術に関連して行う注射の実施料は、術前、術後にかかわらず算定不可。（第 10 部　手術　通則 1　保医発 4　参照）

● 10 月 30 日・31 日
点滴注射実施料
　注射量が 500mL 以上であり算定可。「102 点」× 2

● 10 月 29 日・30 日・31 日
点滴注射薬剤料
　ラクテック G 輸液 500mL　2 袋　　228 円× 2 袋 ＝　 456 円
　フルマリン静注用 1g　2 瓶　　　1,286 円× 2 瓶 ＝ 2,572 円
　　　　　　　　　　　　　　　　　3,028 円 ⇒「303 点」× 3 ⇒ ③ ④

【処置】
● 10 月 29 日
帰室後酸素吸入
　29 日は手術を施行。手術当日に手術に関連して行う処置の費用は、術前、術後にかかわらず算定不可（第 10 部　手術　通則 1　保医発 4　参照）。 使用した酸素代のみ算定可。
　　液化酸素 (CE)　870L
　　　0.19 円× 870L × 1.3 ＝ 214.89 円
　　　215 円÷ 10 ＝ 21.5 ⇒「22 点」⇒ ⑤

● 10 月 30 日・31 日
術後創傷処置（100cm^2 未満）
　創傷処置（術後）1 で算定　⇒ 52 点× 2

　　イソジン液 10%　10mL
　　2.42 円× 10 ＝ 24.2 円 ⇒「2 点」× 2 ⇒ ⑥

【手術・麻酔】
● 10 月 29 日
手術
　手術式から、K142「1」脊椎固定術（前方椎体固定）2 椎間を算定
　2 椎間めは、所定点数の 100 分の 50 を加算。
　　41,710 点 ＋ （41,710 点× 0.5）＝ 62,565 点 ⇒ ⑦
　※明細書摘要欄記載については、手術日（29 日）の記載が必要。
　　（診療報酬請求書・明細書の記載要領
　　　「別表 I　診療報酬明細書の「摘要」欄への記載事項等一覧（医科）」参照）

　　脊椎固定術（前方椎体固定）2 椎間　29 日　　⇒ F

4

手術医療機器等加算

　画像等手術支援加算「1」ナビゲーションによるものを算定。「2,000 点」⇒ 8

麻酔

　閉鎖循環式全身麻酔（10：00 ～ 11：45）1 時間 45 分

　　糖尿病患者で、HbA1c 9.0、空腹時血糖 250 mg ／ dl であるため麻酔困難者に該当。

　　閉鎖循環式全身麻酔 5・イ　1 時間 45 分で算定。

　　2 時間までの所定点数は 8,300 点。

硬膜外麻酔（頸部）の併施加算

　2 時間までの加算は 750 点。

　8,300 点＋ 750 点＝ 9,050 点⇒ 9

※明細書摘要欄記載については、麻酔日（29 日）の記載が必要。

　麻酔が困難な患者の場合は、該当する状態の記載が必要。

　（診療報酬請求書・明細書の記載要領）

　「別表Ⅰ　診療報酬明細書の「摘要」欄への記載事項等一覧（医科)」参照

閉鎖循環式全身麻酔 5・イ　　1 時間 45 分
硬膜外麻酔併施加算（頸部）1 時間 45 分　29 日　　⇒　G
糖尿病患者で、HbA1c 9.0、空腹時血糖 250 mg ／ dl

酸素代

　液化酸素 (CE)420L

　0.19 円× 420L × 1.3 ＝ 103.74 円

　104 円÷ 10 ＝ 10.4 ⇒「10 点」⇒ 10

設問	解　答　欄				
11	①	●	③	④	⑤
12	①	②	③	●	⑤
13	①	●	③	④	⑤
14	①	②	●	④	⑤
15	①	●	③	④	⑤
16	①	②	●	④	⑤
17	●	②	③	④	⑤
18	①	②	●	④	⑤
19	①	②	③	●	⑤
20	●	②	③	④	⑤

麻酔薬剤（プレメデで使用した薬剤も合算して算定）

硫アト 0.05％1mL　1A	95 円× 1A ＝ 95 円
アタラックス-P 注 2.5％1mL　1A	57 円× 1A ＝ 57 円
カルボカイン注 0.5％10mL	10.8 円× 10 ＝ 108 円
笑気ガス　450g	3.2 円× 450g ＝ 1,440 円
セボフレン吸入麻酔液 50mL	27.2 円× 50mL ＝ 1,360 円
ラボナール注射用 0.5g500 ㎎　1A	919 円× 1A ＝ 919 円
ワゴスチグミン注 0.5 ㎎ 0.05％1mL　1A	96 円× 1A ＝ 96 円
フルマリン静注用 1g　1V	1,286 円× 1V ＝ 1,286 円
生理食塩液 250mL　1 袋	180 円× 1 袋＝ 180 円

計 5,541 円 ⇒「554 点」⇒ 11

● 10 月 30 日
麻酔管理料
　　届出事項と麻酔科標榜、麻酔医常勤、麻酔医による術前術後の診察、麻酔医による麻酔の実施
　　等から麻酔管理料（Ⅰ）を算定。 閉鎖循環式全身麻酔のため「1,050 点」を算定

【検査】
● 10 月 28 日
　　末梢血液一般　　　　　　　　　　　　　　　　21 点　　　　「70 点」⇒　⑫
　　HbA1c　　　　　　　　　　　　　　　　　　　49 点　　　判血 「125 点」

　　C 反応性蛋白（CRP）　　　　　　　　　　　16 点× 2　　　⇒　⑬
　　10 月 31 日においても実施。　　　　　　　　　　　　　　判免「144 点」

　　TP
　　AST
　　ALT
　　LD
　　T － Bil
　　ALP
　　Amy　　　　　　　　　　　　　　　　　　　　　　　14 項目 103 点＋入院初回
　　γ － GT　　　　　　　　　　　　　　　　　　　　　加算 20 点　「123 点」⇒ ⑭
　　CK　　　　　　　　　　　　　　　　　　　　　　　判生Ⅰ 「144 点」
　　BUN
　　グルコース
　　T － cho
　　ナトリウム・クロール
　　K

　　血液ガス分析　　　　　　　　　　　　　　　　131 点　　　⇒ ⑮

　　動脈血採取（B － A）　　　　　　　　　　　　60 点　　　⇒ H ⑯

　　判断料合計（ 判血 、 判生Ⅰ 、 判免 「413 点」⇒ Ⅰ　⑰

　　届出事項より、検体検査管理加算Ⅱ「100 点」を算定

【画像診断】
● 10 月 28 日・30 日
　頸椎 X － P　2 方向（撮影回数 2 回）電子画像管理
　　診断料（85 点＋ 43 点）＋ 撮影料（デジタル撮影）（68 点＋ 34 点）＋ 電画（単純撮影）
　　（57 点）＝ 287 点× 2 ⇒⑱

　　頸椎 MRI（1.5 テスラ以上 3.0 テスラ未満）電子画像管理

6

頸椎 MRI（1.5 テスラ以上 3.0 テスラ未満）電画　⇒ J
撮影料（1,330 点）＋電子画像管理（120 点）＝「1,450 点」⇒ 19

コンピューター断層診断料　「450 点」

画像診断管理加算
　画像診断を専ら担当する常勤の医師が画像診断を行い、その結果を文書で報告した場合に算定
できる。（第 4 部　画像診断　通則 4、5 参照）
　画像診断管理加算 2 を届け出ている保険医療機関では、コンピューター断層撮影診断では画像
診断管理加算 2（コンピューター断層診断）を算定する。

　　　頸部 MRI では、 コ画2 「175 点」を算定　⇒ 20

【入院基本料・加算】
　施設基準を理解し算定する。算定は以下のとおり。

【届出内容】	【所定点数】	【略語】
急性期一般入院料 4	1,462 点	急一般 4
初期加算	450 点	
診療録管理体制加算 3（※ 1）	30 点	録管 3
急性期看護補助体制加算 3	200 点	急 50
医師事務作業補助体制加算 2（40 対 1）（※ 1）	495 点	医 2 の 40
医療安全対策加算 1（※ 1）	85 点	安全 1
感染対策向上加算 2（※ 1）	175 点	感向 2
データ提出加算 1・イ（※ 1）	145 点	デ提 1
地域医療体制確保加算（※ 1）	620 点	地医体
地域加算 2 級地	15 点	

（※ 1）は「入院初日」のみ算定

救急医療管理加算は、緊急に入院を必要とする重症患者に対して算定できるもので、本症例のよう
に手術目的による予定入院では、算定できない。

入院基本料・加算　　3,677 点× 1 日間　3,677 点 ⎫
　　　　　　　　　　2,127 点× 3 日間　6,381 点 ⎬ ⇒ C
　　　　　　　　　　　　　　　　　　　　　　　　⎭

【入院時食事療養】
● 10 月 28 日　昼食のみ・糖尿病食
● 10 月 29 日　食事なし
● 10 月 30 日　食事なし
● 10 月 31 日　夕食のみ・糖尿病食

入院時食事療養（Ⅰ）(1 食につき)	670 円 × 2 食 ＝ 1,340 円	⎫
特別食加算	76 円 × 2 食 ＝ 152 円	⎬ ⇒ D
食堂加算（1 日につき）	50 円 × 2 日 ＝ 100 円	
入院時食事標準負担額（1 食につき）	490 円 × 2 食 ＝ 980 円	⎭

設 問	解　答　欄
21	● ②
22	● ②
23	① ●
24	● ②
25	① ●
26	● ②
27	① ●
28	● ②
29	① ●
30	① ●

設問 2

＜解説＞

21　○　設問のとおり。（A205　保医発 (2)　参照）

22　○　設問のとおり。（B007－2　保医発 (7)　参照）

23　×　散在は算定できない。（F500　保医発 (4)「ア」参照）

24　○　設問のとおり。（C100　保医発 (4)　参照）

25　×　薬剤料は算定できる。（J038　保医発 (7)「オ」参照）

26　○　設問のとおり。（K920　保医発 (3)　参照）

27　×　「マルチスライス型の機器以外」で算定する。（E200　事務連絡　参照）

28　○　設問のとおり。（第 10 部　手術　通則 8、通則 14　参照）

29　×　精神症状により単独での通院が困難な者も含む。（I016　保医発 (4)　参照）

30　×　薬剤料は、DPC 包括対象。（リハビリテーション手技料は出来高算定）

第68回問題　解答・解説

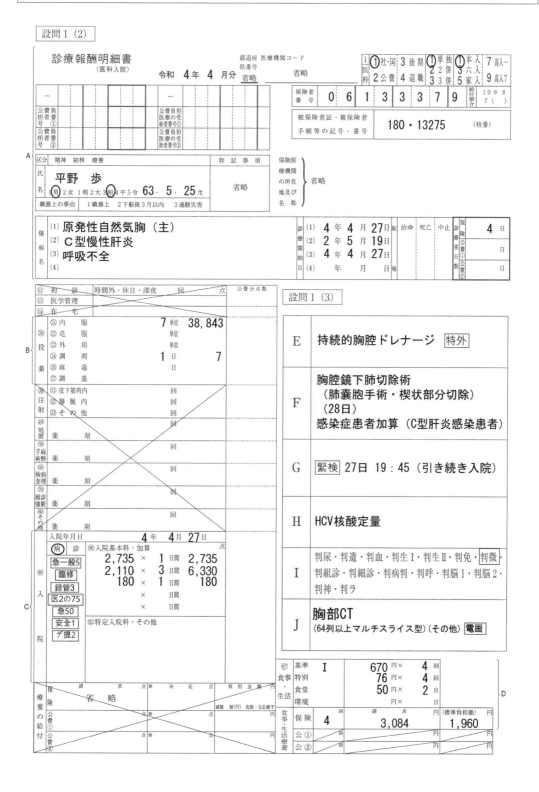

設問1（2）

診療報酬明細書（医科入院）

令和　4　年　4　月分

都道府県番号　医療機関コード　省略

省略

① 社・国　3 後期　① 単独　① 本入　7 高入一
② 公費　4 退職　2 2 併　② 六入
3 3 併　3 家入　5 家入　9 高入7

保険者番号　0 6 1 3 3 3 7 9　給付割合　10 9 8 7（　）

被保険者証・被保険者手帳等の記号・番号　180・13275　（枝番）

区分	精神　結核　療養	特記事項

氏名　平野　歩　① 男 2女　1明 2大 3昭 4平 5令　63・5・25 生

職務上の事由　1職務上　2下船後3月以内　3通勤災害

傷病名
(1) 原発性自然気胸（主）
(2) C型慢性肝炎
(3) 呼吸不全
(4)

診療開始日		
(1)	4 年 4 月 27 日	
(2)	2 年 5 月 19 日	
(3)	4 年 4 月 27 日	
(4)	年 月 日	

転・治ゆ・死亡・中止

保険　診療実日数　4 日
公費①　日
公費②　日

⑪初診	時間外・休日・深夜	回	点	公費分点数
⑬医学管理				
⑭在宅				
㉑内服	7 単位	38,843	
㉒屯服	単位		
㉓外用	単位		
㉔調剤	1 日	7	
㉕麻毒	日		
㉖調基			

㉛皮下筋肉内	回
㉜静脈内	回
㉝その他	回
㊵処置　薬剤	回
㊺手麻酔　薬剤	回
㊻検査病理　薬剤	回
㊼画像診断　薬剤	回
㊿その他　薬剤	

入院年月日　4 年 4 月 27 日

⑨入院　㊿入院基本料・加算
病・診			点
急一般5	2,735 × 1 日間	2,735
臨修	2,110 × 3 日間	6,330
録管3	180 × 1 日間	180
医2の75	× 日間	
急50	× 日間	
安全1		
デ提2	㊿特定入院料・その他	

療養の給付
保険　請求　点　決定　点　負担金額　円
公費①　省略
公費②

減額　割（円）免除・支払猶予

⑨食事・生活	基準 Ⅰ	670 円× 4 回
	特別	76 円× 4 回
	食堂	50 円× 2 回
	環境	円×

食事生活療養
保険　4 回　請求 3,084 円　（標準負担額）1,960 円
公①　円
公②　円

設問1（3）

E	持続的胸腔ドレナージ　特外
F	胸腔鏡下肺切除術 （肺嚢胞手術・楔状部分切除） （28日） 感染症患者加算（C型肝炎感染患者）
G	緊検 27日 19：45（引き続き入院）
H	HCV核酸定量
I	判尿・判遺・判血・生生Ⅰ・生生Ⅱ・判免・判微・ 判組診・判細診・判病判・判呼・判脳1・判脳2・ 判神・判ラ
J	胸部CT （64列以上マルチスライス型）（その他）電画

設問1
<解説>

【医療機関届出内容等】※入院料及び入院食事療養費は後述します。

(1) 許可病床数277床の一般病院（救急指定病院）

(2) 標榜診療科目は、内科、外科、小児科、脳神経外科、循環器科、乳腺外科、泌尿器科、整形外科、リハビリテーション科、皮膚科、耳鼻咽喉科、放射線科、麻酔科

(3) 薬剤師、管理栄養士、放射線科医、病理専門医、麻酔医は常勤

(4) 診療時間は、月曜日から土曜日が午前9時から午後5時、日曜日及び祝日は休診の保険医療機関

(5) 画像診断管理加算1及び2、ＣＴ撮影（64列以上のマルチスライス）（その他）、MRI撮影（1.5テスラ以上3テスラ未満）（その他）、麻酔管理料（Ⅰ）、薬剤管理指導料、検体検査管理加算（Ⅱ）

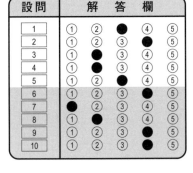

設問	解 答 欄
1	① ② ● ④ ⑤
2	① ② ③ ● ⑤
3	① ● ③ ④ ⑤
4	① ● ③ ④ ⑤
5	① ② ● ④ ⑤
6	① ② ③ ● ⑤
7	● ② ③ ④ ⑤
8	① ② ③ ● ⑤
9	① ② ③ ● ⑤
10	① ② ③ ● ⑤

【医学管理】

● 4月28日

薬剤管理指導料

安全管理が必要な医薬品の記載がないので、薬剤管理指導料2（略称：薬管2）「325点」を算定。⇒ ①

※明細書摘要欄記載については、指導を行った日（28日）の記載が必要

● 4月29日

肺血栓塞栓症予防管理料

間歇的空気圧迫装置使用と記載されているので、肺血栓塞栓症予防管理料（略称：肺予）「305点」を算定。

【投薬】

● 4月30日　内服薬

ハーボニー配合錠1錠　55,491.7円×1錠＝55491.7円 ⇒

「5,549点」×3 ⇒ ②

調剤料　　　入院中の患者に対して投薬を実施した場合、1日につき7点を算定。

　　　　　　5月1日以降の分は算定不可。30日の1日分を算定。「7点×1日」

調基　　　　薬剤師常勤となっているが、薬剤管理指導料を算定しているので、算定不可。

⇒B

【注射】

● 4月29日・30日

点滴注射実施料

注射量が500mL以上であり算定可。「102点」×2 ⇒ ③ ④

10

●4 月 29 日・30 日（朝夕 1 回）

点滴注射薬剤料

　　ヴィーン F 輸液 500mL　2 袋　　191 円× 2 袋　＝　382 円

　　セフォタックス注射用 1g　2V　　799 円× 2V ＝ 1,598 円

　　　　　　　　　　　　　　　　　　　1,980 円 ⇒「198 点」× 2

【処置】

●4 月 27 日・29 日・30 日

酸素吸入　⇒「65 点」× 3 ⇒ ⑤

　　（4 月 27 日）液化酸素（CE）675L

　　　　0.19 円× 675L × 1.3 ＝ 166.725 円

　　　　167 円÷ 10 ＝ 16.7 ⇒「17 点」× 1

　　（4 月 29 日・30 日）液化酸素（CE）　2,880L

　　　　0.19 円× 2880L × 1.3 ＝ 711.36 円

　　　　711 円÷ 10 ＝ 71.1 ⇒「71 点」× 2

●4 月 28 日

帰室後酸素吸入

　　28 日は手術を施行。手術当日に手術に関連して行う処置の費用は、術前、術後にかかわらず

　　算定不可（第 4 部　手術　通則 1　保医発 4　参照）。　使用した酸素代のみ算定可。

　　　液化酸素（CE）　2L × 470 分＝ 940L

　　　　0.19 円× 940L × 1.3 ＝ 232.18 円

　　　　232 円÷ 10 ＝ 23.2 ⇒「23 点」⇒ ⑥

●4 月 27 日

持続的胸腔ドレナージ

　　27 日の時間外に持続的胸腔ドレナージを算定。

　　　825 点＋（825 点× 0.4）＝「1,155 点」× 1 ⇒ ⑦ ⑧

持続的胸腔ドレナージ　　特外　⇒ E

薬剤料

　　キシロカイン注ポリアンプ 1% 10mL 1A

　　　79 円÷ 10 ＝ 7.9 ⇒「8 点」× 1

●4 月 29 日・30 日

術後創傷処置　80cm^2

　　創傷処置（術後）（100cm^2 未満）で算定　⇒ 52 点 × 2

ドレーン法（持続的吸引）

　　ドレーン法（持続的吸引）で算定。「50 点」× 2 ⇒ ⑨

【手術・麻酔】
　●4月28日
　手術
　　手術式から、K513「1」 胸腔鏡下肺切除術（肺嚢胞手術・楔状部分切除）を算定。
　　C型慢性肝炎のため、感染症患者加算（手術通則11参照）を算定。

　　　　39,830点＋1,000点 ＝「40,830点」×1 ⇒ ⑩

　※明細書摘要欄記載については、手術日（28日）の記載が必要。
　（診療報酬請求書・明細書の記載要領
　　「別表Ⅰ　診療報酬明細書の「摘要」欄への記載事項等一覧（医科）」参照）

　　胸腔鏡下肺切除術（肺嚢胞手術・楔状部分切除）28日 ⎫
　　感染症患者加算（C型慢性肝炎）　　　　　　　　　　⎬ ⇒ F
　　　　　　　　　　　　　　　　　　　　　　　　　　⎭

　手術医療機器等加算
　　超音波凝固切開装置等加算、自動縫合器加算3個を算定。

　　　　3,000点＋（2,500点×3）＝「10,500点」×1 ⇒ ⑪

特定保険医療材料
　套管針カテーテル　シングルルーメン標準型（1,980円／1本）
　　　1,980円÷10 ＝「198点」×1

麻酔
　閉鎖循環式全身麻酔2（分離肺換気によるもの）・ロ
　60分
　閉鎖循環式全身麻酔4（側臥位）・ロ　20分
　閉鎖循環式全身麻酔5（仰臥位）・ロ　50分

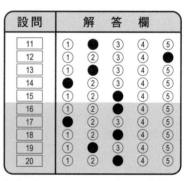

設問	解 答 欄
11	① ● ③ ④ ⑤
12	① ② ③ ④ ●
13	① ● ③ ④ ⑤
14	● ② ③ ④ ⑤
15	① ② ● ④ ⑤
16	① ② ● ④ ⑤
17	● ② ③ ④ ⑤
18	① ● ③ ④ ⑤
19	① ● ③ ④ ⑤
20	① ② ● ④ ⑤

　　2時間までの所定点数は、点数の高い区分の閉鎖循環
　　式全身麻酔2・ロで算定。12,100点。
　　2時間を超える分は、残り時間の多い区分（5・ロが10分残る）より30分又はその端数を
　　増すごとに加算

　　　　12,190点＋（600×1）＝ 12,790点 ⇒ ⑫

酸素料
　液化酸素(CE) 650L
　　　0.19円×650L×1.3 ＝ 160.55円
　　　161円÷10 ＝ 16.1 ⇒「16点」×1

麻酔薬剤（プレメデで使用した薬剤も合算して算定）

エフェドリン塩酸塩注射液 4％1mL　1A	94 円× 1A ＝	94 円
セボフルラン吸入液 40mL	27.2 円× 40mL ＝	1,088 円
アナペイン注 2mg ／ mL0.2％100mL 2 袋	1,450 円× 2 ＝	2,900 円
セフォタックス注射用 1g　1V	799 円× 1V ＝	799 円
イソゾール注射用 500mg　1V	191 円× 1V ＝	191 円

5,072 円 ⇒「507 点」⇒ 13

● 4 月 29 日

麻酔管理料

届出事項と麻酔科標榜、麻酔医常勤、麻酔医による術前術後の診察、麻酔医による麻酔の実施等から麻酔管理料（Ⅰ）を算定。閉鎖循環式全身麻酔のため「1,050 点」を算定。

【検査】

● 4 月 27 日

19 時 45 分、時間外に検体検査を実施したため、時間外緊急院内検査加算「200 点」を算定。

緊検 27 日 19：45（引き続き入院）⇒ G

※明細書摘要欄記載については、検査開始日時を記載する。引き続き入院した場合は、その旨を「摘要」欄に記載する。（診療報酬請求書・明細書の記載要領　「別表Ⅰ　診療報酬明細書の「摘要」欄への記載事項等一覧（医科）」参照）

HCV 核酸定量　「412 点」⇒ 14
判微 「150 点」

ECG12　「130 点」× 1

● 4 月 27 日～ 4 月 30 日

経皮的動脈血酸素飽和度測定

酸素吸入を併せて行っているので、「35 点」× 3 を算定。　⇒ 15
閉鎖循環式全身麻酔と同一日（28 日）に行った場合は算定不可。

呼吸心拍監視

3 時間以上開始 7 日以内で算定。「150 点」× 3　⇒ 16
閉鎖循環式全身麻酔と同一日（28 日）に行った場合は算定不可。

判断料合計（ 判微 「150 点」⇒ Ｉ　 17

【画像診断】

● 4 月 27 日

20 時 00 分、時間外にエックス線撮影、CT 撮影を実施したため、時間外緊急院内画像診断加算「110 点」を算定。

胸部Ｘ－Ｐ　撮影２回（電子画像管理）
　　診断料（85点＋（85点×0.5）＋　撮影料（デジタル撮影）(68点＋（68点×0.5))
　　＋電子画像管理加算（単純撮影）(57点）＝287点　⇒ 18

胸部ＣＴ（64列以上マルチスライス型）（その他）（電子画像管理）⇒ Ｊ
　　撮影料（1,000点）＋電子画像管理（120点）＝「1,120点」⇒ 19

コンピューター断層診断料　「450点」× 1

画像診断管理加算
　　「画像診断を専ら担当する常勤の医師から結果を文書で報告」の記載がないため画像診断管理
　　加算の算定は不可。

【入院基本料・加算】
　●4月27日
　　入院中の患者に対する再診の費用は、入院基本料に含まれるため算定できないが、時間外等加算
　は入院基本料に含まれないため算定可。（第1章第1部　初・再診料　通則3）

　　　　再診料の時間外特例加算を算定。　　　　「180点」× 1 ⇒ 20

施設基準を理解し算定する。算定は以下のとおり。
【届出内容】	【所定点数】	【略語】
急性期一般入院料5	1,451点	急一般5
初期加算	450点	
臨床研修病院入院診療加算（協力型）(※1)	20点	臨修
診療録管理体制加算3（※1）	30点	録管3
急性期看護補助体制加算3	200点	急50
医師事務作業補助体制加算2ト（※1）	335点	医2の75
医療安全対策加算1（※1）	85点	安全1
データ提出加算2（※1）	155点	デ提2
地域加算5級地	9点	

（※1）は「入院初日」のみ算定

　　救急医療管理加算は、緊急に入院を必要とする重症患者に対して算定できるもので、本症例の場
合は、重症患者に該当しないので算定不可。

入院基本料・加算　2,735点×1日間　2,735点　⎫
　　　　　　　　　2,110点×3日間　6,330点　⎬ ⇒ C

【入院時食事療養】
　●4月27日　食事なし
　●4月28日　食事なし
　●4月29日　夕食より肝臓食

● 4 月 30 日　3 食肝臓食

入院時食事療養（Ⅰ）(1 食につき)	670 円× 4 食＝ 2,680 円	⎫	
特別食加算（1 食につき）	76 円× 4 食＝ 304 円	⎬ ⇒ D	
食堂加算（1 日につき）	50 円× 2 日＝ 100 円		
入院時食事標準負担額（1 食につき）	490 円× 4 食＝ 1,960 円	⎭	

設問	解　答　欄
21	● ②
22	① ●
23	① ●
24	● ②
25	① ●
26	● ②
27	● ②
28	① ●
29	● ②
30	① ●

設問 2
<解説>

21 ○　設問のとおり。（第 2 部入院料等　通則 5　参照）

22 ×　医療保険適用病棟（病床）と介護保険適用病棟（病床）の間の移動の場合、移動した日については、いずれも医療保険で請求する。

23 ×　七分がゆを食している場合、ビタミン剤の算定は不可になる。（F200　保医発 (8)　参照）

24 ○　設問のとおり。（B001「9」　保医発 (2)　参照）

25 ×　血液疾患に関する専門の知識を有する医師が、その結果を文書により報告した場合に加算する。（D026　注 8　参照）

26 ○　設問のとおり。（K096 － 2　保医発 (1)　参照）

27 ○　設問のとおり。（L010　施設基準　参照）

28 ×　副木は特定保険医療材料で算定する。
　　（J000　保医発　参照）

29 ○　設問のとおり。（H002　保医発 (2)　参照）

30 ×　無菌製剤処理料は、DPC 包括対象外。

第69回問題　解答・解説

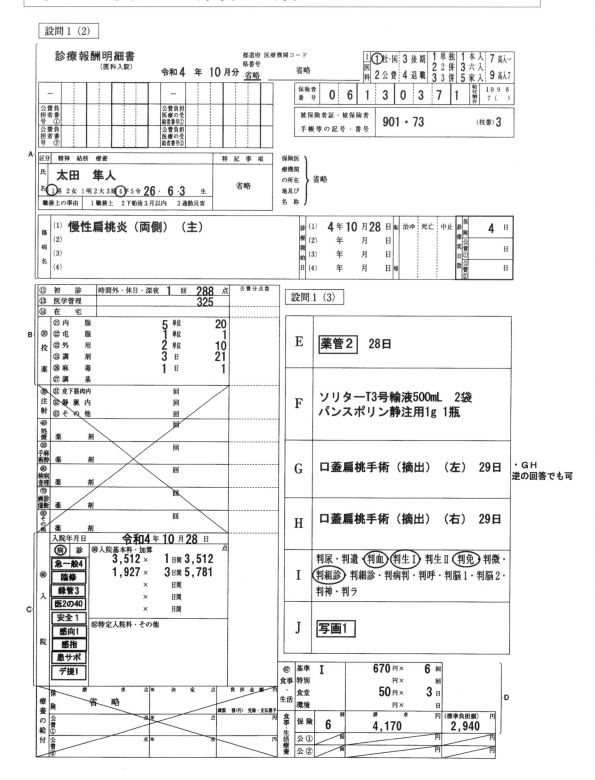

設問1（2）

診療報酬明細書（医科入院）　令和4年10月分

①	①壮・国	3 後期	1 単	独	1 本入	7 高入一
医科	2 公費	4 退職	2 2 併	3 六入	9 高入7

保険者番号 0 6 1 3 0 3 7 1　給付割合 10 9 8 7（　）

被保険者証・被保険者手帳等の記号・番号　901・73　（枝番）3

区分　精神　結核　療養

氏名　太田　隼人　①男 2女 1明 2大 3昭 ④平 5令 26・6・3 生

職務上の事由　1 職務上　2 下船後3月以内　3 通勤災害

傷病名
(1) 慢性扁桃炎（両側）（主）
(2)
(3)
(4)

診療開始
(1) 4年10月28日
(2)　年　月　日
(3)　年　月　日
(4)　年　月　日

転帰　治ゆ　死亡　中止

診療実日数　保険 4日　公費① 日　公費② 日

⑪	初診	時間外・休日・深夜 1 回	288 点
⑬	医学管理		325
⑭	在宅		
⑳ 投薬	㉑内服	5 単位	20
	㉒屯服	1 単位	1
	㉓外用	2 単位	10
	㉔調剤	3 日	21
	㉖麻毒	1 日	1
	㉗調基		

⑩注射　㉛皮下筋肉内　回
㉜静脈内　回
㉝その他　回
㊵処置　薬剤　回
㊵手麻酔　薬剤　回
㊶検病査理　薬剤　回
⑦画診像断　薬剤　回
㊿その他　薬剤

入院年月日　**令和4年10月28日**

⑨病診	⑩入院基本料・加算		
急一般4	3,512 ×	1 日間	3,512
臨修	1,927 ×	3 日間	5,781
録管3	×	日間	
医2の40	×	日間	
安全1	×	日間	
感向1	⑫特定入院料・その他		
感指			
患サポ			
デ提1			

療養の給付　保険　省略
公費①
公費②

設問1（3）

E	薬管2　28日
F	ソリターT3号輸液500mL　2袋 パンスポリン静注用1g 1瓶
G	口蓋扁桃手術（摘出）（左）29日
H	口蓋扁桃手術（摘出）（右）29日
I	判尿・判遺・判血・判生Ⅰ・判生Ⅱ・判免・判微・判組診・判細診・判病判・判呼・判脳1・判脳2・判神・判ラ
J	写画1

・GH 逆の回答でも可

⑧食事・生活	基準	I	670 円×	6 回
	特別		円×	回
	食堂		50 円×	3 日
	環境		円×	

		回	請求	円	（標準負担額）円
食事・生活療養	保険	6	4,170	2,940
	公①	回	円	円
	公②	回	円	円

設問 1

＜解説＞

【医療機関届出内容等】※入院料及び入院食事療養費は後述します。

（1）許可病床数 420 床の一般病院（救急病院）
（2）標榜診療科目は、内科、脳神経内科、呼吸器内科、循環器内科、外科、脳神経外科、呼吸器外科、耳鼻咽喉科、整形外科、麻酔科、放射線科、リハビリテーション科、産婦人科、泌尿器科
（3）薬剤師、麻酔医、病理専門医、画像診断専門医、理学療法士、管理栄養士は常勤
（4）診療時間は、月曜日から金曜日が午前 9 時から午後 5 時、土曜・日曜と日は休診の保険医療機関
（5）薬剤管理指導料、麻酔管理料Ⅰ、輸血管理料Ⅱ、検体検査管理加算（Ⅲ）、CT 撮影（64 列以上マルチスライス型）（その他）、MRI 撮影（3 テスラ以上）（その他）、画像診断管理加算 1 及び 2

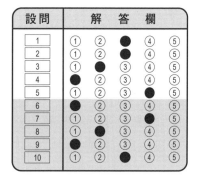

設問	解 答 欄				
1	①	②	●	④	⑤
2	①	②	●	④	⑤
3	①	●	③	④	⑤
4	●	②	③	④	⑤
5	①	②	③	●	⑤
6	●	②	③	④	⑤
7	①	②	③	●	⑤
8	①	●	③	④	⑤
9	●	②	③	④	⑤
10	①	②	●	④	⑤

【医学管理】

　●10 月 28 日
　　薬剤管理指導料
　　安全管理が必要な医薬品ではないので、薬剤管理指導料 2（略称：薬管 2）「325 点」を算定。
　　⇒ E ①
　　※明細書摘要欄記載については、指導を行った日（28 日）の記載が必要

【投薬】

　●10 月 28 日　内服薬
　　ビクシリン S 配合錠 250 mg 2 錠　　21.6 円× 2 錠 ＝43.2 円 ⇒「4 点」× 5
　●10 月 30 日　屯服薬
　　ベンザリン錠 5 mg 2 錠　　8.4 円× 1 錠 ＝8.4 円 ⇒「1 点」× 1
　●10 月 30 日　外用薬
　　ボルタレンサポ 50 mg　1 個　　29.0 円× 1 個 ＝ 29.0 円 ⇒「3 点」× 1
　　SP トローチ 0.25 mg「明治」4 錠× 3TD　　5.7 円× 12 錠 ＝ 68.4 円
　　⇒「7 点」⇒ ②

　　　　　　　　　　　　　　　　　　　　　　　　　　　　　　　　　　　⇒B

　　調剤料　　　入院中の患者に対して投薬を実施した場合、1 日につき 7 点を算定。
　　　　　　　　11 月 1 日以降の分は算定不可。28 日、30 日、31 日の 3 日分を算定。
　　　　　　　　「7 点× 3 日」
　　麻薬等加算　ベンザリン錠が「向精神薬」なので 28 日の 1 日分を算定。　「1 点× 1」
　　調基　　　　薬剤師常勤となっているが、薬剤管理指導料を算定しているので、算定不可。

【注射】

点滴注射実施料
● 10 月 29 日
手術当日に手術に関連して行う注射の実施料は、術前、術後にかかわらず算定不可。
（第 10 部　手術　通則 1　保医発 4　参照）
● 10 月 30 日
注射量が 500 mL 以上であり算定可。「102 点」
● 10 月 31 日
注射量が 500 mL 未満のため算定不可。

30 日の 1 日分を算定。　⇒「102 点」× 1 ⇒ ③ ④

点滴注射薬剤料
● 10 月 29 日
ソリター T3 号輸液 500 mL　　2 袋　　176 円× 2 袋 ＝　352 円　　⇒ F
パンスポリン静注用 1 g　1 瓶　　　373 円× 1 瓶 ＝　373 円
　　　　　　　　　　　　　　　　　　　　　　　725 円　⇒「72 点」⇒ ⑤
● 10 月 30 日
ソリター T3 号輸液 500 mL　　1 袋　　176 円× 1 袋 ＝　176 円
パンスポリン静注用 1 g　1 瓶　　　373 円× 1 瓶 ＝　373 円
　　　　　　　　　　　　　　　　　　　　　　　549 円　⇒「55 点」× 1 ⇒ ⑥
● 10 月 31 日
パンスポリン静注用 1 g　1 瓶　　　373 円× 1 瓶 ＝　373 円
Aq（注射用水）20 mL　1 管　　　62 円× 1 管 ＝　　62 円
　　　　　　　　　　　　　　　　　　　　　　　435 円　⇒「43 点」× 1

【処置】
● 10 月 29 日
帰室後酸素吸入
29 日は手術を施行。手術当日に手術に関連して行う処置の費用は、術前、術後にかかわらず
算定不可（第 4 部　手術　通則 1　保医発 4　参照）。　使用した酸素代のみ算定可。
液化酸素 (CE)　2 L × 240 分＝ 480 L
0.19 円× 480 L × 1.3 ＝ 118.56 円
119 円÷ 10 ＝ 11.9 ⇒「12 点」⇒ ⑦

● 10 月 30 日・31 日
術後創傷処置　100 ㎠未満
創傷処置（術後）（100 ㎠未満）で算定　⇒ 52 点× 2 ⇒ ⑧

【手術・麻酔】
● 10 月 29 日
手術
手術式から、K377「2」　口蓋扁桃手術（摘出）を算定。「3,600 点」
※対称器官に対し両側実施した場合については、左右別にそれぞれ手術名、回数、点数を記載
する。

（診療報酬請求書・明細書の記載要領　「2」診療報酬明細書の記載要領に関する事項
「ク　「処置」欄又は「手術・麻酔」欄について」参照）

※明細書摘要欄記載については、手術日（28 日）の記載が必要。
（診療報酬請求書・明細書の記載要領
「別表Ⅰ　診療報酬明細書の「摘要」欄への記載事項等一覧（医科）」参照）

口蓋扁桃手術（摘出）（左）29 日　　　3,600 × 1　⇒ G ⑨ ⎫
口蓋扁桃手術（摘出）（右）29 日　　　3,600 × 1　⇒ H ⑩ ⎭　G、H は逆の解答でも可

麻酔
閉鎖循環式全身麻酔 5・ロ　1 時間 45 分　6,000 点× 1 ⇒ ⑪

麻酔薬剤
アトロピン硫酸塩注射液 0.05% 1 ml 1A　95 円× 1A ＝　　　95 円
ラボナール注射用 0.5 g 500 mg 1 管　　919 円× 1 管 ＝　　919 円
小池笑気　960 g　　　　　　　　　　　3.2 円× 960 g ＝ 3,072 円
セボフレン吸入麻酔液 80 mL　　　　　27.2 円× 80 mL ＝ 2,176 円
　　　　　　　　　　　　　　　　　　　　6,262 円　⇒「626 点」⇒ ⑫

酸素料
液化酸素 (CE) 210L
0.19 円× 210 L × 1.3 ＝ 51．87 円
52 円÷ 10 ＝ 5.2 ⇒「5 点」⇒ ⑬

設問	解　　答　　欄				
11	①	②	③	●	⑤
12	①	●	③	④	⑤
13	①	②	③	●	⑤
14	①	②	③	●	⑤
15	①	②	③	④	●
16	①	●	③	④	⑤
17	●	②	③	④	⑤
18	①	②	●	④	⑤
19	①	②	●	④	⑤
20	●	②	③	④	⑤

● 10 月 30 日
麻酔管理料
届出事項と麻酔科標榜、麻酔医常勤、麻酔医による術前術後の診察、麻酔医による麻酔の実施等から麻酔管理料（Ⅰ）を算定。閉鎖循環式全身麻酔のため「1,050 点」を算定。

【検査・病理診断】
● 10 月 28 日
末梢血液一般　　　　　　　　　21 点 ⎫
赤血球沈降速度（ESR）　　　　 9 点 ⎬「45 点」⇒ ⑭
出血時間　　　　　　　　　　　15 点 ⎭　判血「125 点」

TP、AST、ALT、LD、ALP、γ－ GT、　⎫　14 項目 103 点＋入院初回
BUN、UA、グルコース、クレアチニン、⎬　加算 20 点「123 点」⇒ ⑮
ナトリウム及びクロール、カリウム、CK　⎭　判生Ⅰ「144 点」

CRP　　　　　　　　　　　　　16 点　　判免「144 点」

● 10月29日

　病理組織標本作製（組織切片）⇒ 860 点 ⇒ ⑰　　判組診「520 点」

● 10月30日

末梢血液一般	21 点	
末梢血液像（自動機械法）	15 点	「45 点」× 1
赤血球沈降速度（ESR）	9 点	

　TP、AST、ALT、LD, ALP、γ－GT、　　　　　　8 項目「99 点」× 1 ⇒ ⑯
　BUN、CK

　CRP　　　　　　　　　　　　　　　　　　16 点

判断料合計　判血 、 判生 I 、 判免 、 判組診 「933 点」⇒ I ⑱
届出事項より、検体検査管理加算Ⅲ「300 点」を算定

【画像診断】

● 10月28日

　胸部 X － P　撮影 1 回（電子画像管理）
　　診断料（85 点）＋　撮影料（デジタル撮影）（68 点）＋
　　電子画像管理加算（単純撮影）（57 点）＝　210 点 ⇒ ⑲

　画像診断管理加算
　　画像診断を専ら担当する常勤の医師が画像診断を行い、その結果を文書で報告した場合に算定
　　できる。（第 4 部　画像診断　通則 4、5 参照）
　　画像診断管理加算 2 を届け出ている保険医療機関では、エックス線診断では画像診断管理加算
　　1（写真診断）を算定する。　　　写画 1　70 点× 1　⇒ J ⑳

【入院基本料・加算】

　施設基準を理解し算定する。算定は以下のとおり。

【届出内容】	【所定点数】	【略語】
急性期一般入院料 4	1,462 点	急一般 4
初期加算	450 点	
臨床研修病院入院診療加算（協力型）（※ 1）	20 点	臨修
診療録管理体制加算 3（※ 1）	30 点	録管 3
医師事務作業補助体制加算 2（40 対 1）（※ 1）	495 点	医 2 の 40
医療安全対策加算 1（※ 1）	85 点	安全 1
感染対策向上加算 1（※ 1）	710 点	感向 1
指導強化加算（※ 1）	30 点	感指
患者サポート体制充実加算（※ 1）	70 点	患サポ
データ提出加算 1（※ 1）	145 点	デ提 1
地域加算 2 級地	15 点	

（※ 1）は「入院初日」のみ算定

救急医療管理加算は、緊急に入院を必要とする重症患者に対して算定できるもので、本症例の場合は、重症患者に該当しない（紹介による入院）ので算定不可。

がん拠点病院加算（地域がん診療病院）は、別の保険医療機関等からの紹介により入院した悪性腫瘍と診断された患者について算定するため、本症例では対象外となり算定不可。

入院基本料・加算　　　3,512 点× 1 日間　3,512 点　⎤
　　　　　　　　　　　1,927 点× 3 日間　5,781 点　⎦ ⇒ C

【入院時食事療養】
● 4 月 27 日　昼食・夕食
● 4 月 28 日　食事なし
● 4 月 29 日　夕食より流動食（市販以外）
● 4 月 30 日　3 食

入院時食事療養（Ⅰ）（1 食につき）　670 円× 6 食 = 4,020 円　⎤
食堂加算（1 日につき）　　　　　　 50 円× 3 日 =　 150 円　⎬ ⇒ D
入院時食事標準負担額（1 食につき）490 円× 6 食 = 2,940 円　⎦

設問	解　答　欄
21	● ②
22	① ●
23	① ②
24	① ●
25	① ●
26	● ②
27	① ●
28	① ●
29	● ②
30	● ②

設問 2
<解説>
21　○：設問のとおり。（第 2 部入院料等　通則「退院時処方に係る薬剤料の取扱い」参照）
22　×：医師事務作業補助者は、診療録管理者、若しくは診療録管理部門の業務を行うことは不可。
　　　　（A207 － 2　事務連絡　参照）
23　○：設問のとおり。（D006 － 15　保医発　参照）
24　×：2 年以上の脳神経外科の経験を有している常勤の医師が 5 名以上配置されていることが施設基準。
　　　　（K169 － 2　施設基準　参照）
25　×：四肢ギプス包帯の所定点数にはプラスチックギプスに係る費用が含まれ、別に算定できない。
　　　　（J122　保医発 (3)　参照）
26　○：設問のとおり。（第 9 部　処置　通則 6 及び J089　参照）
27　×：精密持続点滴注射加算は算定できる。（第 6 部　注射　通則 4「3」(3)　参照）
28　×：他院が届け出ている基準で請求して良い。（E200　事務連絡　参照）
29　○：設問のとおり。（E202　保医発 (8)　参照）
30　○：設問のとおり。（A400　保医発 (3)　参照）

第70回問題　解答・解説

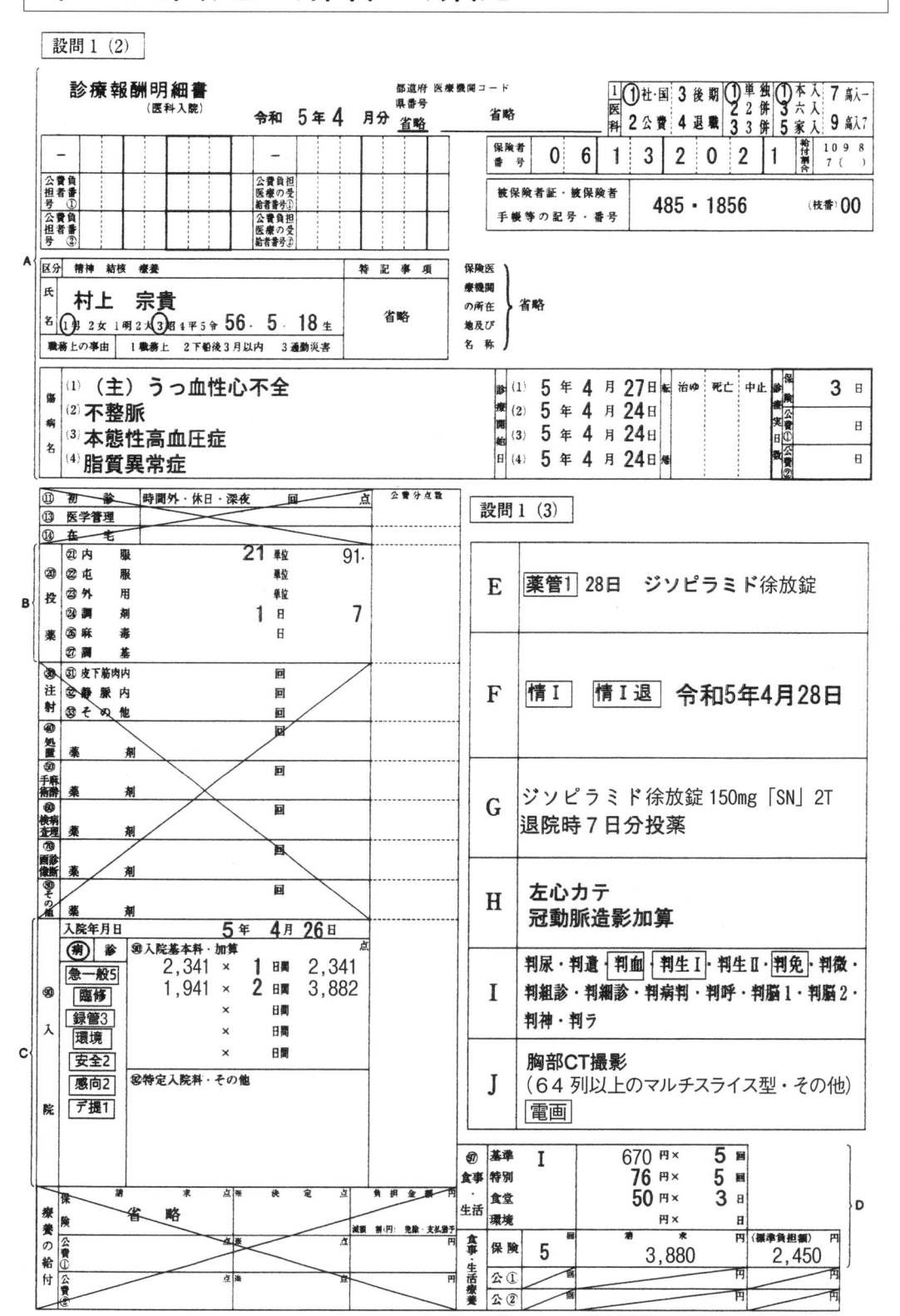

設問1（2）診療報酬明細書（医科入院）

令和 5 年 4 月分　都道府県番号 省略　医療機関コード 省略

① 医科	① 社・国 3 後期	① 単独	① 本入	7 高入一
2 公費	4 退職	2 2 併	3 六入	
		2 3 併	3 5 家入	9 高入7

保険者番号　0 6 1 3 2 0 2 1　給付割合 1 0 9 8 7 （ ）

被保険者証・被保険者手帳等の記号・番号　485・1856　（枝番）00

区分　精神　結核　療養

氏名　村上　宗貴　①男 2女　1明 2大 ③昭 4平 5令　56・5・18生

特記事項　省略

職務上の事由　1職務上　2下船後3月以内　3通勤災害

保険医療機関の所在地及び名称　省略

傷病名
- (1)（主）うっ血性心不全
- (2)不整脈
- (3)本態性高血圧症
- (4)脂質異常症

診療開始日
- (1) 5 年 4 月 27 日
- (2) 5 年 4 月 24 日
- (3) 5 年 4 月 24 日
- (4) 5 年 4 月 24 日

転帰　治ゆ　死亡　中止

診療実日数　保険 3 日　公費① 日　公費② 日

		時間外・休日・深夜	回	点	公費分点数
⑪	初診				
⑬	医学管理				
⑭	在宅				
B ② 投薬	㉑内服	21 単位		91	
	㉒屯服	単位			
	㉓外用	単位			
	㉔調剤	1 日		7	
	㉖麻毒	日			
	㉗調基				
③ 注射	㉛皮下筋肉内	回			
	㉜静脈内	回			
	㉝その他	回			
④処置	薬剤	回			
⑤手術麻酔	薬剤	回			
⑥検査病理	薬剤	回			
⑦画像診断	薬剤	回			
⑧その他	薬剤	回			

入院年月日　5 年 4 月 26 日

	⑨入院基本料・加算		点
急一般5	2,341 × 1 日間	2,341	
臨修	1,941 × 2 日間	3,882	
録管3	× 日間		
環境	× 日間		
安全2			
感向2	⑨特定入院料・その他		
デ提1			

療養の給付
保険　省略

⑨ 食事・生活
基準 I	670 円× 5 回
特別	76 円× 5 回
食堂	50 円× 3 日
環境	円×

回	請求	円	（標準負担額） 円
保険 5	3,880		2,450
公①	円		円
公②	円		円

設問1（3）

E	薬管1 28日　ジソピラミド徐放錠
F	情I　　情I退　令和5年4月28日
G	ジソピラミド徐放錠150mg「SN」2T 退院時7日分投薬
H	左心カテ 冠動脈造影加算
I	判尿・判遺・判血・判生I・判生II・判免・判微・ 判組診・判細診・判病判・判呼・判脳1・判脳2・ 判神・判ラ
J	胸部CT撮影 （64列以上のマルチスライス型・その他） 電画

設問1

<解説>

【医療機関届出内容等】※入院料及び入院食事療養費は後述します。

(1) 許可病床数280床の一般病院

(2) 標榜診療科目は、内科、外科、小児科、脳神経外科、循環器科、消化器外科、泌尿器科、整形外科、リハビリテーション科、皮膚科、放射線科、麻酔科

(3) 薬剤師、管理栄養士、放射線科、病理専門医、麻酔医は常勤

(4) 診療時間は、月曜日から土曜日が午前9時から午後5時、日曜と祝日は休診の保険医療機関

(5) 画像診断管理加算1及び2、CT撮影（64列以上マルチスライス型）（その他）、MRI撮影（1.5テスラ以上3テスラ未満）（その他）、麻酔管理料Ⅰ、薬剤管理指導料、検体検査管理加算（Ⅲ）

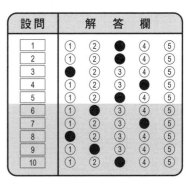

【医学管理】

● 4月28日

薬剤管理指導料

安全管理が必要な医薬品（不整脈剤：ジソピラミド徐放錠）について指導しているので、薬剤管理指導料1（略称：薬管1）「380点」を算定。　⇒ E 1

※明細書摘要欄記載については、指導を行った日（28日）と薬剤名の記載が必要

診療情報提供料（Ⅰ）

退院時に、かかりつけ近医へ診療情報を提供しているので、診療情報提供料（Ⅰ）（略称：情Ⅰ）「250点」と退院時診療情報提供添付加算（略称：情Ⅰ退）「200点」を算定。　⇒ F

※明細書摘要欄記載については、算定日、退院年月日（令和5年4月28日）の記載が必要

【投薬】

● 4月28日　内服薬

メバロチン錠　5mg　2錠	15.2円×2錠＝30.4円 ⇒	「3点」×7	
アジルバ錠　20mg　1錠	83.3円×1錠＝83.3円 ⇒	「8点」×7	⇒ B
ジソピラミド徐放錠150mg「SW」2T	12.0円×2T＝24.0円 ⇒	「2点」×7	

⇒ G 2

※明細書摘要欄記載については、「退院時7日分投薬」の記載が必要

調剤料　　入院中の患者に対して投薬を実施した場合、1日につき7点を算定。退院以降の分は算定不可。28日の1日分を算定。「7点×1日」

調基　　　薬剤師常勤となっているが、薬剤管理指導料を算定しているので、算定不可。

【注射】

点滴注射実施料

●4月27日

注射量が500mL以上であり算定可。 「102点」

27日の1日分を算定。 ⇒「102点」×1 ⇒ ③

点滴注射薬剤料

●4月27日

ソリター T1号輸液500mL　2袋	177円×2袋＝	354円
パンスポリン静注用1gバッグS1キット	1,014円×1キット＝	1,014円

1,368円⇒「137点」⇒ ④

【検査・病理診断】

●4月26日

末梢血液一般	21点	「83点」⇒ ⑤
出血時間	15点	判血「125点」
PT	18点	
APTT	29点	

TP、AST、ALT、クレアチニン、LD、T－BIL、ALP
ALP、Amy、γ－GT、BUN、グルコース、LDL－cho、
TG、HDL－cho、ナトリウム及びクロール、カリウム

16項目103点＋入院初回
加算20点「123点」⇒ ⑥
判生Ⅰ 「144点」

ABO血液型	24点	「48点」⇒ ⑦
Rh（D）血液型	24点	判免 「144点」

梅毒血清反応（STS）定性	15点	
梅毒トレポネーマ抗体定性	32点	
HBs抗原定性・半定量	29点	「194点」⇒ ⑧
HCV抗体定性・定量	102点	
C反応性蛋白（CRP）	16点	

心臓超音波検査（経胸壁心エコー法）　880点×1　⇒ ⑨
心電図検査12誘導　130点×1　⇒ ⑩

24

● 4 月 27 日

右心カテーテル　3,600 点 × 1　⇒ 11

左心カテーテル　4,000 点 ＋ 冠動脈造影加算 1,400 点

⇒ 5,400 点 × 1　⇒ H 12

左右同時に行った場合であっても冠動脈造影加算は 1
回のみ算定

設問	解 答 欄				
11	●	②	③	④	⑤
12	①	②	③	●	⑤
13	①	②	③	●	⑤
14	①	②	③	●	⑤
15	①	②	●	④	⑤
16	①	●	③	④	⑤
17	●	②	③	④	⑤
18	①	②	●	④	⑤
19	①	●	③	④	⑤
20	①	②	③	●	⑤

検査薬剤料

キシロカイン注ポリアンプ 1% 5mL　1A	59 円 × 1A ＝	59 円
イソジン液 10%　30mL	2.42 円 × 20mL ＝	48.4 円
生理食塩液 500mL　2 瓶	193 円 × 2 瓶 ＝	386 円
ヘパリンナトリウム注 1 万単位 10mL　1 瓶	391 円 × 1 瓶 ＝	391 円
ミリスロール注 25mg 50mL　1 瓶	1,219 円 × 1 瓶 ＝	1,219 円
イオパミロン注 370 75.52% 100mL　1 瓶	2,986 円 × 1 瓶 ＝	2,986 円

5,089.4 円　⇒ 509 点 × 1

特定保険医療材料

血管造影用イントロデューサーセット（1）一般用　1 セット 2,130 円

血管造影用カテーテル（1）一般用　1 本　　　　　　　1,720 円

3,850 円　⇒ 385 点 × 1 ⇒ 13

● 4 月 28 日

心電図検査 12 誘導

同一月に 2 回目の実施のため、所定点数の 100 分の 90 に相当する点数により算定

130 点 × 90 ／ 100 ＝ 117 点 × 1　⇒ 14

判断料合計（ 判血 、 判生 I 、 判免 「413 点」⇒ I 15

届出事項より、検体検査管理加算 II「100 点」を算定

【画像診断】

● 4 月 26 日

胸部 X － P　撮影 1 回（電子画像管理）

診断料（85 点）＋　撮影料（デジタル撮影）（68 点）＋

電子画像管理加算（単純撮影）（57 点）＝　210 点 × 1 ⇒ 16 17

胸部 CT（64 列以上のマルチスライス型）（その他）（電子画像管理）⇒ J

撮影料（1,000 点）＋電子画像管理（120 点）＝「1,120 点」⇒ 18

コンピュータ断層診断料　「450 点」× 1 ⇒ 19

画像診断管理加算

　　画像診断を専ら担当する常勤の医師が画像診断を行い、その結果を文書で報告した場合に算定できる。（第4部　画像診断　通則4、5参照）

　　画像診断管理加算1及び2を届け出ている保険医療機関では、エックス線診断では画像診断管理加算1（写真診断）をコンピュータ断層撮影では画像診断管理加算2（コンピュータ断層診断）を算定する。

　　胸部X－Pでは、写真診断　　写画1　70点を算定

　　胸部CTでは、コンピュータ断層診断　　コ画2　175点を算定　⇒20

【入院基本料・加算】

　　施設基準を理解し算定する。算定は以下のとおり。

【届出内容】	【所定点数】	【略語】
急性期一般入院料5	1,451点	急一般5
初期加算	450点	
臨床研修病院入院診療加算（協力型）（※1）	20点	臨修
診療録管理体制加算3（※1）	30点	録管3
療養環境加算	25点	環境
医療安全対策加算2（※1）	30点	安全2
感染対策向上加算2（※1）	175点	感向2
データ提出加算1（※1）	145点	デ提1
地域加算2級地	15点	

　　　　　　　　　　（※1）は「入院初日」のみ算定

入院基本料・加算　　2,341点×1日間　　2,341点　　⎫
　　　　　　　　　　1,941点×2日間　　3,882点　　⎬ ⇒C

【入院時食事療養】

●4月26日　昼・夕食　特別食（脂質異常食）
●4月27日　食事なし、夕食より特別食（脂質異常食）
●4月28日　朝・昼食　特別食（脂質異常食）

入院時食事療養（I）（1食につき）　　670円× 5食＝3,350円　⎫
特別食加算（1食につき）　　　　　　 76円× 5食＝　380円　⎬3,730円　⎫
食堂加算（1日につき）　　　　　　　 50円× 3日＝　150円　⎭　　　　 ⎬ ⇒D
入院時食事標準負担額（1食につき）　490円× 5食＝2,450円　　　　　　⎭

26

設問	解　答　欄
21	① ●
22	● ②
23	① ●
24	● ②
25	● ②
26	① ●
27	● ②
28	● ②
29	① ●
30	● ②

設問 2

<解説>

21　×：初診料は算定できない。（A000　保医発（3）参照）

22　○：設問のとおり。（「入院時食事療養及び入院時生活療養の食事の提供たる療養の基準等」参照）

23　×：明細書発行体制等加算の届出は規定されていない。（A245　施設基準　参照）

24　○：設問のとおり。（F400　保医発（4）参照）

25　○：設問のとおり。（B001「9」　保医発（2）参照）

26　×：兼任は不可。（N006　施設基準（事務連絡）参照）

27　○：設問のとおり。（K059　保医発（2）参照）

28　○：設問のとおり。（E003　保医発（4）参照）

29　×：1 日につき 1 回を限度として算定する。（H005　保医発（1）　参照）

30　○：設問のとおり。（「診療報酬明細書の記載要領に関する一般的事項」　参照）

第71回問題　解答・解説

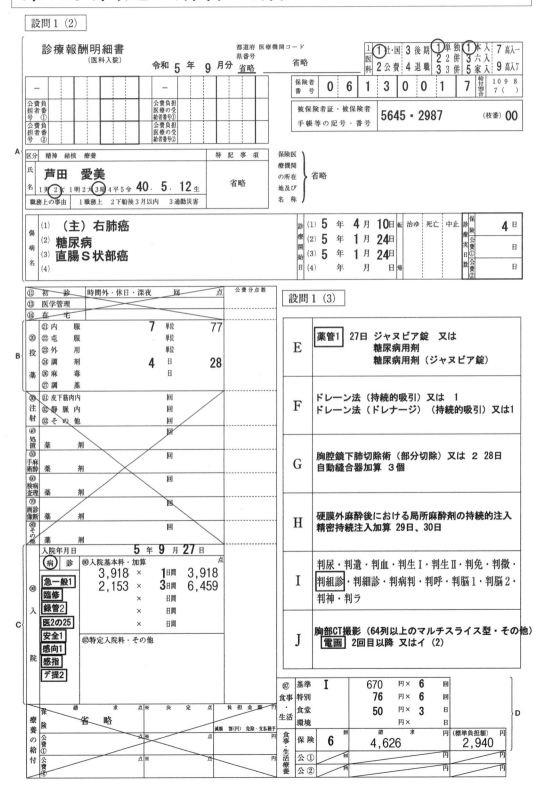

設問1（2）

診療報酬明細書（医科入院）

令和 5 年 9 月分　省略

都道府県番号 省略　医療機関コード 省略

1 医科　①社・国 3 後期　①単独 ①本入 7 高入一
2 公費 4 退職　2 2 併 3 六入 9 高入7
3 3 併 5 家入

保険者番号 0 6 1 3 0 0 1 7　給付割合 10 9 8 7（　）

被保険者証・被保険者手帳等の記号・番号 5645・2987　（枝番）00

A
区分　精神 結核 療養

氏名　芦田　愛美　1男 ②女　1明 2大 ③昭 4平 5令 40.5.12生

職務上の事由　1 職務上　2 下船後3月以内　3 通勤災害

特記事項　省略

保険医療機関の所在地及び名称　省略

傷病名
(1) （主）右肺癌
(2) 糖尿病
(3) 直腸S状部癌
(4)

診療開始日
(1) 5 年 4 月 10 日
(2) 5 年 1 月 24 日
(3) 5 年 1 月 24 日
(4) 　年　月　日

転帰　治ゆ 死亡 中止

保険 診療実日数 公費① 公費②
(1) 4 日
日
日

B
⑪ 初診	時間外・休日・深夜	回	点	公費分点数
⑬ 医学管理				
⑭ 在宅				

投薬
㉑ 内服	7 単位	77
㉒ 屯服	単位	
㉓ 外用	単位	
㉔ 調剤	4 日	28
㉖ 麻毒	日	
㉗ 調基		

注射
㉛ 皮下筋肉内	回
㉜ 静脈内	回
㉝ その他	回

⑩ 処置 薬剤　回
⑩ 手術麻酔 薬剤　回
⑩ 検査病理 薬剤　回
⑦ 画像診断 薬剤　回
⑩ その他 薬剤　回

C
入院年月日　5 年 9 月 27 日

⑩ 入院基本料・加算　点
3,918 × 1 日間 3,918
2,153 × 3 日間 6,459
× 日間
× 日間
× 日間

急一般1　臨修　録管2　医2の25　安全1　感向　感指　デ提2

⑩ 特定入院料・その他

療養の給付

保険　請求 点 ※ 決定 点 負担金額 円
　省略
公費① 点 ※ 点　減額 割（円） 免除・支払猶予
公費② 点 ※ 点

D
㊼ 食事・生活	基準 Ⅰ	670	円×	6	回
	特別	76	円×	6	回
	食堂	50	円×	3	日
	環境		円×		日
保険	6 回	請求 4,626 円		標準負担額 2,940 円	
公①	回	円		円	
公②	回	円		円	

食事・生活療養

設問1（3）

E　薬管1　27日 ジャヌビア錠 又は
糖尿病用剤
糖尿病用剤（ジャヌビア錠）

F　ドレーン法（持続的吸引）又は 1
ドレーン法（ドレナージ）（持続的吸引）又は1

G　胸腔鏡下肺切除術（部分切除）又は 2 28日
自動縫合器加算 3個

H　硬膜外麻酔後における局所麻酔剤の持続的注入
精密持続注入加算 29日、30日

I　判尿・判遺・判血・判生Ⅰ・判生Ⅱ・判免・判微・
判組診・判細診・判病判・判呼・判脳1・判脳2・
判神・判ラ

J　胸部CT撮影（64列以上のマルチスライス型・その他）
電画 2回目以降 又はイ（2）

28

設問 1

＜解説＞

【医療機関届出内容等】※入院料及び入院食事療養費は後述します。

（1）許可病床数 280 床の一般病院

（2）標榜診療科目は、内科、外科、小児科、脳神経外科、循環
　　　器科、消化器外科、泌尿器科、整形外科
　　　呼吸器外科、リハビリテーション科、皮膚科、放射線科、
　　　麻酔科

（3）薬剤師、管理栄養士、放射線科医、病理専門医、麻酔医、理学療法士は常勤

（4）診療時間は、月曜日から土曜日が午前 9 時から午後 5 時、日曜と祝日は休診の保険医療機関

（5）画像診断管理加算 1 及び 2、ＣＴ撮影（64 列以上のマルチスライス型）（その他）、病理診
　　　断管理
　　　加算 1、麻酔管理料 I 、薬剤管理指導料、検体検査管理加算（II）

設問	解　答　欄				
1	①	②	●	④	⑤
2	①	●	③	④	⑤
3	①	②	③	●	⑤
4	●	②	③	④	⑤
5	①	●	③	④	⑤
6	①	②	●	④	⑤
7	①	②	③	●	⑤
8	①	②	●	④	⑤
9	①	②	③	④	⑤
10	●	②	③	④	⑤

【医学管理】

● 9 月 27 日

薬剤管理指導料

安全管理が必要な医薬品（糖尿病用剤：ジャヌビア）について指導しているので、薬剤管理
指導料 1

（略称：薬管 1）「380 点」を算定。　⇒ E ①

※明細書摘要欄記載については、指導を行った日（27 日）と薬剤名の記載が必要

● 9 月 28 日

肺血栓塞栓症予防管理料

弾性ストッキング使用と記載されているので、肺血栓塞栓症予防管理料（略称：肺予）「305
点」を算定。　⇒ ②

【投薬】

● 9 月 27 日　内服薬

ジャヌビア錠 50mg 1 錠　　　111.5 円× 1 錠 ＝ 111.5 円 ⇒「11 点」× 7

調剤料　　　入院中の患者に対して投薬を実施した場合、1 日につき 7 点を算定。
　　　　　　10 月 1 日以降の分は算定不可。27 日〜 30 日の 4 日分を算定。
　　　　　　「7 点× 4 日」

調基　　　　薬剤師常勤となっているが、薬剤管理指導料を算定しているので、
　　　　　　算定不可。

B

【注射】

●9月29日、9月30日

点滴注射実施料

　　注射量が500mL未満のため算定不可。

点滴注射薬剤料

　　セファゾリンNa点滴静注用1gバッグ「NP」（生食100mL付）　1キット

　　　　　　　772円×2キット＝1,544円⇒「154点」×2　⇒③

【処置】

●9月28日

帰室後酸素吸入

　　28日は手術を施行。手術当日に手術に関連して行う処置の費用は、術前、術後にかかわらず算定不可（第4部　手術　通則1　保医発4　参照）。　使用した酸素代のみ算定可。

　　液化酸素（CE）　546L

　　　　0.19円×546L×1.3＝134.862円　→　四捨五入で135円

　　　　135円÷10＝13.5⇒「14点」　⇒④

●9月29日・30日

超音波ネブライザ

　　朝・夕実施しているが「1日につき」算定するので24点×2　⇒⑤

薬剤料

　　ベネトリン吸入液0.5％1.5mL　　　　　17.2円×3mL＝　　　51.6円
　　生理食塩液20mL　1A　　　　　　　　62.0円×2A＝　　124.0円
　　　　　　　　　　　　　　　　　　　　　　　175.6円⇒「18点」　⇒⑥

●9月29日・30日

ドレーン法（持続的吸引）

　　吸引留置カテーテルの「能動型・一般型・硬質型」を使用しているので、ドレーン法（持続的吸引）「50点」を算定。　⇒F⑦

【手術・麻酔】

● 9 月 28 日

手術

手術式から、K513「2」胸腔鏡下肺胃切除術（部分切除）を算定。「45,300 点」

※明細書摘要欄記載については、手術日（28 日）の記載が必要。

（診療報酬請求書・明細書の記載要領 ⇒ G ⑧

「別表 I　診療報酬明細書の「摘要」欄への記載事項等一覧（医科）」参照）

手術医療機器等加算

自動縫合器加算 3 個を算定。　　　2,500 点 × 3 ⇒「7,500 点」

特定保険医療材料

吸引留置カテーテル（能動型・一般型・硬質型）　　1,150 円

膀胱留置用ディスポーザブルカテーテル

（2 管一般（3）・閉鎖式）　　2,030 円

携帯型ディスポーザブル注入ポンプ（PCA 型）　　4,270 円

7,450 円 ⇒「745 点」　⇒ ⑨

麻酔

閉鎖循環式全身麻酔 2（分離肺喚気によるもの）・ロ　1 時間 10 分

閉鎖循環式全身麻酔 4（側臥位）・ロ　50 分

閉鎖循環式全身麻酔 5（仰臥位）・ロ　20 分

2 時間までの所定点数は、点数の高い区分の閉鎖循環式全身麻酔 2・ロを算定。

2 時間を超える分は、残り時間の多い区分（5・ロが 20 分残る）より 30 分又はその端数を増すごとに加算。　12,190 点 + 600 点 = 12,790 点

硬膜外麻酔併施加算（胸部）2 時間 20 分　⇒ 1,125 点

12,790 点 + 1,125 点 =「13,915 点」　⇒ ⑩

設問	解　答　欄				
11	①	●	③	④	⑤
12	●	②	③	④	⑤
13	①	②	③	●	⑤
14	①	②	●	④	⑤
15	①	●	③	④	⑤
16	●	②	③	④	⑤
17	①	②	③	●	⑤
18	①	②	●	④	⑤
19	①	●	③	④	⑤
20	①	②	③	●	⑤

● 9 月 29 日・30 日

麻酔

硬膜外麻酔後における局所麻酔剤の持続的注入（精密持続注入）「160 点」× 2　⇒ H ⑪

※明細書摘要欄記載については、麻酔日（29 日、30 日）の記載が必要。

（診療報酬請求書・明細書の記載要領

「別表 I　診療報酬明細書の「摘要」欄への記載事項等一覧（医科）」参照）

麻酔薬剤
　　ポプスカイン 0.25% 25mg ／ 10mL　1A　247 円× 1 ＝ 247 円　⇒「25 点」× 2

●9 月 29 日
麻酔管理料
　　届出事項と麻酔科標榜、麻酔医常勤、麻酔医による術前術後の診察、麻酔医による麻酔の
　　実施等から麻酔管理料（Ⅰ）を算定。閉鎖循環式全身麻酔のため「1,050 点」を算定。

【検査・病理診断】
●9 月 27 日・28 日・29 日・30 日
糖（試験紙法）　　　　11 点× 7 ⇒ ⑮⑯
　　　　　　　　　　　　判生Ⅰは、外来にて請求済み

●9 月 28 日
術中迅速病理組織標本作製（1 手術につき）⇒ 1,990 点　⇒ ⑫　　判組判「520 点」

病理組織標本作製（組織切片）右肺 ⇒ 860 点　⇒ ⑬

免疫染色（免疫抗体法）病理組織標本作製「8」その他 ⇒ 400 点　⇒ ⑭

血液ガス分析　　　　　　131 点
動脈血採取（B － A）⇒　　60 点 ⇒ ⑰

判断料合計（判組診）「520 点」⇒ Ⅰ ⑱

病理診断管理加算 1
　　届出事項と病理レポートにより病理診断管理加算 1（組織診断）「120 点」⇒ ⑲

届出事項より、検体検査管理加算Ⅲ「300 点」を算定

【画像診断】
●9 月 28 日
腹部 CT（64 列以上のマルチスライス型）（その他）　電子画像管理
当月外来にて胸部 CT 実施のため、28 日の腹部 CT は、同一月 2 回目のコンピュータ断層撮
影診断となる。
　　撮影料（1,000 点× 0.8）＋電子画像管理加算（120 点）＝「920 点」⇒ J ⑳

コンピュータ断層診断料は、外来にて請求済み

【入院基本料・加算】

　施設基準を理解し算定する。算定は以下のとおり。

【届出内容】	【所定点数】	【略語】
急性期一般入院料 1	1,688 点	急一般 1
初期加算	450 点	
臨床研修病院入院診療加算（協力型）（※ 1）	20 点	臨修
診療録管理体制加算 2（※ 1）	100 点	録管 2
医師事務作業補助体制加算 2（25 対 1）（※ 1）	665 点	医 2 の 25
医療安全対策加算 1（※ 1）	85 点	安全 1
感染対策向上加算 1（※ 1）	710 点	感向 1
指導強化加算（※ 1）	30 点	感指
データ提出加算 2・イ（※ 1）	155 点	デ提 2
地域加算 2 級地	15 点	

（※ 1）は「入院初日」のみ算定

入院基本料・加算　　　3,918 点× 1 日間　3,918 点　⎫
　　　　　　　　　　　2,153 点× 3 日間　6,459 点　⎬ ⇒ C
　　　　　　　　　　　　　　　　　　　　　　　　　⎭

【入院時食事療養】

●9 月 27 日　昼食より糖尿病食
●9 月 28 日　食事なし
●9 月 29 日　夕食より糖尿病食
●9 月 30 日　3 食糖尿病食

入院時食事療養（Ⅰ）（1 食につき）　670 円× 6 食＝　4,020 円　⎫
特別食加算（1 食につき）　　　　　　 76 円× 6 食＝　　456 円　⎪
食堂加算（1 日につき）　　　　　　　 50 円× 3 日＝　　150 円　⎬ ⇒ D
入院時食事標準負担額（1 食につき）490 円× 6 食＝　2,940 円　⎭

設 問	解 答 欄	
21	①	●
22	①	●
23	●	②
24	●	②
25	①	●
26	●	②
27	●	②
28	①	●
29	①	●
30	●	②

設問 2

<解説>

㉑ ×：初診料は算定できない（初診料　保医発 (6)　参照）。

㉒ ×：入院料は、「1 日につき」算定するので、2 日分の算定となる（第 2 部　入院料　第 2 節 入院基本料参照）。

㉓ ○：設問のとおり（入院時食事療養費に係る食事療養の実施上の留意事項　参照）。

㉔ ○：設問のとおり（B001「7」難病外来指導管理料、A210「1」難病患者等入院診療加算　参照）。

㉕ ×：いずれの保険医療機関においても算定できる（C101　保医発 (18)　参照）。

㉖ ○：設問のとおり（第 6 部　注射　通則 6　参照）。

㉗ ○：設問のとおり（第 10 部　手術　通則 1　保医発「4」参照。

㉘ ×：麻酔管理料 I は算定できない（L009　保医発 (2)　参照）。

㉙ ×：一連の治療過程において 2 回に限り算定する（M000　保医発 (1)　参照）。

㉚ ○：設問のとおり（診療報酬請求書・明細書の記載要領」別紙 1 の II の第 3「2」(24) ア　参照）。

MEMO

MEMO

MEMO

MEMO

MEMO

本実問題集の内容についてのお問い合わせは

医療秘書教育全国協議会
TEL.03-5675-7077
FAX.03-5675-7078

までお願い致します。

■解説執筆者
　塩原　俊之

2024年度版
医療秘書技能検定実問題集2級②

2024年 4 月30日　　初版第 1 刷発行

編　者　医療秘書教育全国協議会試験委員会©
発行者　佐藤　秀
発行所　株式会社つちや書店
　　　　〒113-0023　東京都文京区向丘1-8-13
　　　　TEL 03-3816-2071　FAX 03-3816-2072
　　　　http://tsuchiyashoten.co.jp